PROGETTO EDITORIALE:
LUCKYHORN ENTERTAINMENT LLC

SEDE REDAZIONE:
ONE WORLD TRADE CENTER · 10007 · NEW YORK (NY)

FOUNDER:
DAVIDE IPPOLITO

DIRETTORE GENERALE:
MATTIA PANICO

DIRETTORE EDITORIALE:
MATTIA IOVANE

REDATTORE:
FRANCESCO CAROLI

MARKETING DIRECTOR:
MARCO COSTANTE

ART DIRECTOR E IMPAGINAZIONE:
FRANCESCO SERVILLO

REDAZIONE:
ELISABETTA COLANGELO, SERENA D'ANDRIA, SIMONE D'ANDRIA, GUGLIELMO TIMPANO, NICOLA VIDALI, ELIDE VINCENTI.

HANNO PARTECIPATO A QUESTO NUMERO:
LOUISE BONSIGNORE, GASPARE BORSELLINO, CLAUDIO BRACHINO, BEATRICE DELL'AVERSANO, ON. CHRISTIAN DI SANZO, ALEX CARINI, LUIGI CARAMIELLO, MICHAEL CASCIANELLI, ANNAMARIA COLAO, ROBERTO LANGELLA, ANTONELLA LATTANZIO, MITA MARRA, EMMA MARTINO, FEDERICO MIONI, ANTONIO MINERVINI (TONY TOOSLICK), **MEGAN HUDHOCK, CIRO IOVINE, VITO GRASSI, FABIANA GREGUCCI, LELLO GUIDA, UMBERTO LOBINA, ROBERTO OCCHIUTO, CARLO PALMIERI, RACHELE PAPI, ANDREA PANCANI, DON LUIGI PORTARULO, GIUSEPPE ROMANO, MARIO SANTORO, CARLO SIMI, ALBERTO SIFOLA, SALVATORE PUCA, MICHELE BUSIRI VICI.**

FINITO DI STAMPARE:
SETTEMBRE 2024

Mettetevi comodi è arrivata *Il Newyorkese* TV

**LA TELEVISIONE PER GLI ITALIANI IN AMERICA.
ON AIR 24/7**

IN ESCLUSIVA SU
CIBOR TV
ITALIAN TELEVISION NETWORK

IL GIORNALE DI RIFERIMENTO DEGLI ITALIANI A NEW YORK

www.ilnewyorkese.com

IlNewyòrkese
Indice

06 QUI NUOVA YORK
Il manifesto
de IlNewyorkese
DI DAVIDE IPPOLITO

08 DALLE ISTITUZIONI
ROBERTO OCCHIUTO
Il futuro del Sud e i legami
con l'America
DI ANDREA PANCANI

12 INTERVISTE
Il sindaco **Roberto
Langella**: Palermo verso
l'innovazione digitale
DI GASPARE BORSELLINO

16 THE ROOM
Il Sud Italia: opportunità,
coraggio e futuro
DI MATTIA IOVANE

18 STORIA DI COPERTINA
Giosy Romano: una
narrazione nuova per virare
a Sud
DI MATTIA IOVANE

22 ISTANTANEE
6 foto del mese
DI REDAZIONE

28 GOOD MORNING ITALY
La voce degli italiani
negli Stati Uniti
DI CALUDIO BRACHINO

30 BEA(UTY) AROUND THE WORLD
Carlo Simi: l'architetto
del cinema
DI BEATRICE DELL'AVERSANO

34 GREEN ENERGY
L'IA e l'efficienza energetica
delle rinnovabili a Napoli
DI SALVATORE PUCA

36 INTERVISTE
Carlo Palmieri: facciamo
sistema tra aziende alla
conquista dei mercati esteri
DI GUGLIELMO TIMPANO

40 INTERVISTE
Megan Hudhock: Melluso,
dalla bottega di Napoli al
mercato americano
DI FRANCESCO CAROLI

44 INTERVISTE
Vito Grassi: una nuova linfa
dall'imprenditoria del Sud
DI MATTIA IOVANE

50 RIFLESSIONI
Il Sud: ponte mediterraneo
DI LUIGI CARAMIELLO

54 INTERVISTE
Annamaria Colao: L'eccellenza del Sud e il futuro della salute
DI MATTIA IOVANE

58 RIFLESSIONI
New York città sostenibile? La prima tappa dello Study Tour di Federmanager Academy
DI FEDERICO MIONI

62 ISTRUZIONE
Standardizzazione vs mentalità sportiva
DI MICHAEL CASCIANELLI

64 INTERVISTE
Mita Marra: l'Università di Napoli chiama New York
DI MARCO COSTANTE

70 INTERVISTE
La Dott.ssa **Fabiana Gregucci** si racconta tra ricerca universitaria e medicina oncologica
DI FRANCESCO CAROLI

74 INTERVISTE
Umberto Lobina: dal globale al locale e viceversa
DI MATTIA PANICO

78 DAL PARLAMENTO
Rafforzamento dei servizi Consolari e sfide per gli italiani all'estero
DI ON. CHRISTIAN DI SANZO

80 INTERVISTE
Spazi oltre i confini: il viaggio di **Michele Busiri Vici**
DI ELIDE VINCENTI

84 ORIENTARSI NELL'IMMOBILIARE DI NEW YORK
Casa a New York? Il sogno di tanti italiani
DI ALEX CARINI

86 INTERVISTE
Umberto Sifola di San Martino: l'arte di "rammendare" la bellezza
DI MATTIA IOVANE

90 INTERVISTE
Louise Bonsignore, 101 anni di storia dell'emigrazione
DI DAVIDE IPPOLITO

92 INTERVISTE
Dal cuore di Napoli a New York: l'avventura di **Ciro Iovine** di *Song' e Napule*
DI MARCO COSTANTE

| 96 | **INTERVISTE** |

Pastificio Martino: Il couscous Made in Italy è un cibo del futuro
DI MATTIA PANICO

| 100 | **ECHOES OF HISTORY** |

Due Sud a confronto: guerre e rivoluzioni nel "secolo lungo"
DI MARIO SANTORO

| 104 | **APPROFONDIMENTO** |

New York: un crocevia artistico in continua trasformazione
DI MATTIA PANICO

| 108 | **IL BARBIERE DI NEW YORK** |

Gli aneddoti di Lello il Barbiere
DI LELLO GUIDA

| 110 | **ENOTECA NEWYORKESE** |

Il Sud Italia in un calice: un viaggio tra vini, tradizioni e paesaggi
DI RACHELE PAPI

| 112 | **NEW YORK BY NIGHT** |

La magia della vita notturna
DI TONY TOOSLICK

| 114 | **LA STRATEGIA DELLO STILE** |

Shopping di lusso in Giappone: boom di acquisti nel 2024 e prospettive future
DI ANTONELLA LATTANZIO

| 116 | **ANGOLI DI FEDE** |

L'importanza del riposo estivo
DI DON LUIGI PORTARULO

| 118 | **YOGA A CENTRAL PARK** |

Ricomincio da me: i buoni propositi di settembre
DI SERENA D'ANDRIA

| 120 | **CRONACHE DI NEW YORK** |

New York è la città preferita dagli investitori immobiliari italiani
DI REDAZIONE

| 121 | **CRONACHE DI NEW YORK** |

Leaving New York, la dedica d'amore dei R.E.M. alla Grande Mela
DI REDAZIONE

| 122 | **CRONACHE DI NEW YORK** |

La gara di hot dog più famosa d'America ha bandito il suo partecipante più forte
DI REDAZIONE

QUI NUOVA YORK

Il manifesto de IlNewyorkese

Una visione condivisa per un futuro straordinario

DI **DAVIDE IPPOLITO**
FONDATORE DE ILNEWYORKESE

Da qualche mese, IlNewyorkese ha preso ufficialmente il via, sorprendendoci con un successo di pubblico che non avremmo mai immaginato.

Questo straordinario entusiasmo ci riempie di orgoglio e ci spinge a condividere con voi, cari lettori, la visione e il manifesto che guida ogni nostra scelta editoriale. Siamo nati con l'intento di offrire qualcosa di diverso, un punto di riferimento autentico e significativo per la comunità italiana di New York.

Selezione attenta delle notizie

Viviamo in un'epoca in cui le informazioni ci bombardano da ogni angolo, creando spesso confusione e sovrabbondanza. Noi de IlNewyorkese crediamo fermamente nella qualità piuttosto che nella quantità. Ogni giorno, **selezioniamo** con cura poche notizie, concentrandoci solo su ciò che è veramente importante. Vogliamo evitare di confonderci con la massa e di ripetere notizie già diffuse da altri, a meno che non possiamo aggiungere un **valore** unico e distintivo.

Un riferimento per gli italiani di New York

Siamo il **riferimento** per gli italiani che vivono a New York. Non ci limiteremo ai contenuti classici istituzionali, ma ci concentreremo su interventi di interesse per chi vive nella Grande Mela.

Condivideremo le storie dei newyorkesi per creare un network e una **comunità** solida. Vogliamo aiutare gli italiani a far conoscere le loro iniziative, dando spazio a tutti e offrendo la possibilità di partecipare attivamente.

Creazione di una comunità inclusiva

Essere **tra la gente**, a disposizione della gente, è uno dei nostri valori fondamentali. Ci impegniamo a promuovere collaborazioni e sinergie, unendo la comunità italiana senza creare divisioni. Con **ilNewyorkese, la nostra tv**, gli imminenti rilasci de **ilCaliforniano**, **ilDetroiter** e **Good Morning Italy**, entro il 2025 costruiremo il più importante network globale di italiani nel mondo. Siamo sempre aperti alle collaborazioni e crediamo fermamente nel valore dell'inclusività, vivendo nella terra della libertà e nella casa dei coraggiosi.

Innovazione e tradizione

IlNewyorkese rappresenta una sintesi perfetta tra innovazione e tradizione. La nostra attività sui social media, con reel, storie, interviste e opinioni e il nostro modo di fare tv ci distingue e ci rende unici. Siamo entusiasti di vedere che in pochi mesi siamo già diventati un punto di riferimento, con altre realtà che ci prendono a modello.

Ci teniamo che tutto ciò che produciamo sia bello e curato nei minimi dettagli. **Ogni contenuto è frutto di un attento lavoro di montaggio, grafiche eccellenti, impaginati di design e uno studio approfondito delle immagini.** Vogliamo che ogni nostro prodotto sia un piacere per gli occhi e trasmetta l'attenzione e la passione che mettiamo in ogni progetto.

Preservare la cultura italiana

Un altro aspetto fondamentale del nostro progetto è la produzione di **quattro numeri cartacei all'anno**. Vogliamo creare un archivio di pubblicazioni che raccontino la storia degli italiani a New York nel tempo. **Parleremo italiano agli italiani**, organizzeremo eventi in italiano e tuteleremo la nostra lingua e cultura. Siamo consapevoli del valore degli italiani in America e conosciamo la differenza tra **italiani, italoamericani e italici**, per questo creeremo strumenti utili e differenti per ciascuno di loro.

Innovazione nel mondo dei media

IlNewyorkese riunisce **persone coraggiose**, pronte a fare le cose diversamente, rappresentando **la sintesi perfetta tra il mondo dei media tradizionali e quello dei social**. Vogliamo continuare a essere un esempio di come l'informazione può evolversi, mantenendo al centro la comunità e i valori che ci rendono unici.

Il futuro è luminoso e siamo entusiasti di costruirlo insieme a voi, lettori e membri della comunità italiana di New York. Grazie per il vostro supporto e per essere parte di questa straordinaria avventura.

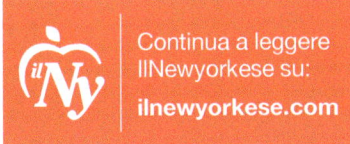

Continua a leggere IlNewyorkese su:
ilnewyorkese.com

'Newyorkese

DALLE ISTITUZIONI

Il futuro del sud
e i legami con l'America

ROBERTO OCCHIUTO

Nato a Cosenza il 13 maggio 1969, è attualmente Presidente della Regione Calabria e Vicesegretario di Forza Italia. Laureato in Economia, ha iniziato nella Democrazia Cristiana e poi è passato a Forza Italia. Ha ricoperto ruoli di deputato e capogruppo alla Camera, e dal 2021 guida la Regione Calabria.

 **DI ANDREA PANCANI**

© Foto di Amaranto86 - wikipedia.org

DALLE ISTITUZIONI

La politica è una passione di famiglia. Nato a Cosenza nel 1969, città guidata dal fratello Mario, sindaco per 10 anni, Roberto Occhiuto da quasi tre anni è il Governatore della Regione Calabria...pardon, Presidente, e dallo scorso febbraio vanta anche i galloni di vicesegretario di Forza Italia, uno dei partiti della maggioranza del governo Meloni. Laureato in Economia, un passato nella Democrazia Cristiana, nel 2000 passò al partito di Silvio Berlusconi di cui è stato deputato e capogruppo alla Camera.

Oggi amministra una Regione di quel Mezzogiorno che ha invertito la rotta, che mostra crescenti segni di vitalità e dinamismo imprenditoriale ed economico.

Presidente Roberto Occhiuto, come sta andando il Sud Italia e quanto è strategico per i nuovi equilibri geopolitici?
Il Sud sta crescendo e lo dimostrano anche le recenti rilevazioni dello Svimez: cresce più delle regioni del Nord, più della media nazionale ma purtroppo sta continuando a perdere tanti giovani che vanno a lavorare al Nord ma spesso anche all'estero. E non si tratta di pezzi di futuro e di speranza che vanno via, ma anche di una parte di PIL che perdiamo. Il Sud cresce anche perché è l'hub dell'Europa nel Mediterraneo e il Mediterraneo sta diventando sempre più importante nell'economia per i traffici commerciali.

Lo riscontro con il porto di Gioia Tauro che è il primo in Italia, fa 4,2 mln di container all'anno, e tutto questo può assegnare alle regioni del Sud un ruolo che mai hanno avuto prima. Sarò anche un visionario, ma penso che il Sud possa vivere quello che hanno vissuto nei decenni precedenti le regioni del Nord che si sono avvantaggiate dall'essere prossime al motore di sviluppo dell'Europa, che era il manifatturiero tedesco.

Oggi nell'economia europea è importantissimo il Mediterraneo e la prossimità delle regioni del Sud può essere un driver di sviluppo.

Parliamo di export: come va quello della Calabria?
C'è stato un incremento record per noi, nel primo trimestre di quest'anno ha fatto segnare quasi un +27%, ma in valore assoluto pesa ancora troppo poco, ha una dimensione troppo ridotta. Devo dire però che ci sono tantissime imprese calabresi nelle quali il passaggio generazionale ha intro-

DALLE ISTITUZIONI

dotto elementi di innovazione, di internazionalizzazione. Ad esempio, ci sono moltissime cantine che sono passate dal genitore al figlio e le nuove generazioni sono riuscite a rinnovare queste aziende vinicole che ora sono capaci di esportare i loro prodotti, assicurando una qualità nettamente superiore rispetto al passato, avendo anche la capacità di affrontare i temi della logistica legata all'esportazione in maniera molto più innovativa.

Cosa e dove esporta la Calabria?
Ci sono piccole aziende che esportano soprattutto in Europa ma ci sono anche molte aziende che esportano nel mercato americano, in primis prodotti agroalimentari. Ci sono paesi del Nord, del Centro e del Sud America in cui la presenza di calabresi è rilevantissima, a volte si tratta di persone che hanno un legame con l'Italia e con la loro regione di origine ancora molto radicato.

Recentemente ho proposto al Cardinale Rino Fisichella, che è responsabile del Giubileo 2025, di mettere in connessione le attività di questo straordinario evento con la Calabria. L'idea è quella di fare l'anno prossimo un "piccolo Giubileo della Calabria", chiamare cioè tutti i calabresi di seconda e terza generazione, a volte si tratta di figli e di nipoti che ne hanno sentito parlare ma non l'hanno mai vista, e chiedere loro di tornare qui, dove sono le loro origini, per restarci un po'. Io ovviamente vestirei a festa la Regione.

> *"Sarebbe un'ottima occasione per sviluppare delle attività legate al turismo delle radici."*

Come sono i rapporti tra la Calabria e la vasta comunità calabrese d'America e di New York?
Ci sono rapporti costanti che però vorrei evolvessero nella direzione di sviluppare attività economiche e scambi commerciali. Il limite di questi rapporti con i corregionali è che spesso sono costruiti solo sull'elemento romantico, quasi antropologico, invece ci sono calabresi straordinari che hanno costruito molte città americane, in Sudamerica, che si sono ritagliati uno spazio importante nell'economia delle loro zone e che potreb-

DALLE ISTITUZIONI

bero essere degli ambasciatori di buone occasioni di business per altri imprenditori americani o imprenditori calabresi che volessero investire negli Stati Uniti.

C'è una storia di successo di un calabrese negli States che l'ha particolarmente colpita?
Proprio qualche tempo fa ho incontrato nel mio ufficio **Oscar Renda**, un calabrese che vive e lavora a Dallas e che era stato chiamato da Webuild, la società incaricata di costruire il Ponte sullo Stretto, perché la sua impresa produce piloni per tutte le più grandi opere pubbliche che si realizzano nel mondo.

"Aveva cominciato tanti anni fa da muratore ed ora è diventato uno degli imprenditori più importanti degli States nel settore dell'edilizia e delle opere pubbliche."

Mi ha invitato a Dallas ma non ho ancora avuto tempo di andarci...

Quante volte è stato a New York?
Ci sono state diverse volte. A 18 anni ho perfino fatto il pizzaiolo nella Grande Mela in una catena di pizzerie che ora non esiste più, Italian Village Pizza, che era di alcuni miei cugini americani che sono nati a New York e poi si sono trasferiti a Pittsburgh e in seguito in Kentucky.

Ci sono ritornato da vicepresidente del Consiglio regionale in occasione del Columbus Day e anche in quell'occasione verificai quanto potenziale inespresso ci fosse nella comunità dei calabresi e quanto fosse necessario far diventare questo forte legame che hanno con la regione un driver di sviluppo economico.

Ora da presidente della Regione vorrei creare le condizioni perché tutto questo si possa verificare.

Se dovesse votare in America chi sceglierebbe tra Biden e Trump?
"Faccio parte di un partito che è più vicino alla tradizione repubblicana ma che è anche moderato, quindi ci rifletterei un po'".

il Newyorkese

INTERVISTE

Il sindaco *Roberto Lagalla*: Palermo verso l'innovazione digitale

DI **GASPARE BORSELLINO**

© *Foto di European Union, 2024*

"Newyorkese

Il Sindaco di Palermo **Roberto Lagalla** ci parla delle nuove iniziative dell'amministrazione comunale volte a trasformare la città in un polo di innovazione digitale. Tra nuovi spazi, investimenti strategici e collaborazioni con grandi realtà, Palermo punta a diventare una delle principali destinazioni per il lavoro a distanza e l'innovazione tecnologica nel Mediterraneo.

Sindaco, Palermo sta investendo molto su nuovi spazi per l'innovazione digitale. Da dove nasce questa iniziativa?
L'azione della nuova amministrazione si è concentrata molto nel rimettere in piedi un Ente, il Comune di Palermo, che presentava diverse criticità. Abbiamo lavorato molto per rimettere in sesto i conti dell'amministrazione, in modo da poter tornare a investire, cosa che non accadeva da più di tre anni a causa dei bilanci bloccati, sui servizi ai cittadini e sulle infrastrutture. Ma un'amministrazione deve guardare anche al futuro e l'intenzione è quella di sfruttare al massimo le potenzialità della città, considerata da una recente di National Geographic come la quinta miglior città al mondo del south working e dove poter fare smart working. È questa la nuova frontiera ed è su questo che il nuovo governo della città sta investendo, raccogliendo anche l'interesse di grandi realtà che vogliono creare luoghi di incontro e che rappresentano il mutamento di Palermo.

In che modo la città può favorire questo mutamento?
L'amministrazione deve impegnarsi per favorire e agevolare la creazione di nuovi spazi. Ad esempio, i Cantieri culturali della Zisa, da sempre luogo di cultura e creatività, oggi guardano anche all'innovazione e per qualche mese ha operato l'incubatore promosso da Invitalia. Un patrimonio che l'amministrazione non vuole disperdere e proprio ai Cantieri è prevista l'apertura di un nuovo incubatore con un finanziamento da un milione di euro. Inoltre, a Palermo si sono insediate multinazionali come Italtel o la Bip che nel capoluogo siciliano ha realizzato il primo polo di innovazione del Sud Italia, mentre a maggio scorso è nato, grazie alla collaborazione tra la Città Metropolitana di Palermo e Invitalia, lo sportello di Invitalia nell'ex Palazzo delle Ferrovie, con l'intento di rafforzare il sistema imprenditoriale già esistente sull'intero territorio e sostenere la nascita e lo sviluppo di realtà imprenditoriali. Questi ed altri fattori hanno portato Palermo, come rileva un recente studio dell'istituto Tagliacarne, e pubblicato sul Sole 24 Ore, ad essere al terzo posto nella classifica italiana per capacità di reclutamento di

competenze digitali. Ma non vogliamo fermarci qui.

Quali sono i prossimi progetti?
Il nostro grande obiettivo è la realizzazione dell'Innovation Hub del Comune di Palermo all'interno degli ex depositi della Tirrenia, messi a disposizione dall'Autorità portuale. Un grande progetto sul quale l'amministrazione vuole investire 10 milioni di euro. Sarà un luogo di lavoro comune e collegiale di imprese e di soggetti che operano nelle tecnologie digitali ed informatiche, in modo tale che si possa ulteriormente rafforzare quella attività che è ben presente a Palermo, cioè di lavoro a distanza su commissioni di aziende estere.

Qual è l'obiettivo di queste iniziative?
Nell'ottica di quel mutamento della città di cui ho parlato:

" L'obiettivo è far diventare Palermo sempre di più il polo di innovazione digitale del Mediterraneo... "

dove concentrare nuove imprese e professionalità avanzate, dall'altro quella di dare la possibilità alle future generazioni che nascono e si formano nel nostro territorio di non lasciare Palermo e la Sicilia, ma di lavorare da noi anche per conto di aziende straniere. Percorrendo questa strada, magari, un giorno saranno invece professionalità provenienti da altre città e altri Paesi a volersi trasferire a Palermo per lavorare.

E magari qualcuno potrà tornare dagli Stati Uniti e da New York, dove è presente una vasta comunità italiana con origini siciliane. Una comunità straordinaria che ho avuto modo di incontrare di recente, quando sono stato a New York lo scorso mese di aprile. In quell'occasione sono stato negli Stati Uniti per promuovere la quattrocentesima edizione del Festino di Santa Rosalia, la Patrona di Palermo.

Ho ricevuto davvero una calda e speciale accoglienza, segno del grande attaccamento che la comunità italo-americana ha con il suo territorio.

Si tratta di un collegamento da non spezzare e che può essere coltivato proprio attraverso queste iniziative che possono portare imprenditori italo-americani a investire a Palermo.

FRIENDS OF TEACH FOR ITALY

Chi siamo

Teach For Italy (TFI) è una non profit italiana che opera per rafforzare la scuola pubblica, partendo dai contesti dove le sfide legate alla povertà educativa sono maggiori.

Friends of Teach For Italy (FTFI) è una nonprofit registrata negli USA ai sensi della sezione 501(c)(3) che lavora per aumentare la consapevolezza e le risorse di Teach For Italy attraverso attività di partnership e filantropia per finanziare i programmi necessari per realizzare la visione di Teach For Italy.

Nell'anno scolastico 2023-24, 70 Fellow di Teach For Italy insegnano in dieci regioni italiane.

Lombardia — 6 scuole
Piemonte — 17 scuole
Veneto — 5 scuole
Emilia Romagna — 1 scuola
Toscana — 9 scuole
Marche — 1 scuola
Lazio — 5 scuole
Campania — 1 scuola
Sardegna — 5 scuole
Sicilia — 1 scuola

Sostieni & Sviluppa il potenziale degli studenti in Italia

Con una donazione a Friends of Teach For Italy puoi sostenere direttamente la formazione, lo sviluppo e il supporto continuo dei nostri docenti-fellow e dei loro studenti.

Per maggiori informazioni, contattare:
Janezee Bond, Director of Development & Strategy Friends of Teach For Italy

Email: jbond@teachforitaly.org

Scannerizza il codice QR per donare

www.friendsofteachforitaly.org

THE ROOM

Il Sud Italia: opportunità, coraggio e futuro

DI **MATTIA IOVANE**
DIRETTORE EDITORIALE

Da uomo del Sud e innamorato profondamente della terra che mi ha dato i natali, la mia amata Napoli, la Campania con le sue innumerevoli meraviglie, ho sempre avvertito un certo fastidio ascoltando i soliti luoghi comuni con cui viene solitamente descritto il Mezzogiorno d'Italia. Un po' perché come ho premesso sono innamorato della mia terra e un po' perché ho sempre detestato i luoghi comuni. Ogni cosa, ogni luogo, ogni fatto è una storia a sé. Non si può generalizzare.

Il Sud d'Italia ha attraversato una storia millenaria, fatta di vittorie e di sconfitte, di periodi di splendore e altri meno, come ogni storia, ma molto dipende anche da come viene raccontata, e il resto lo fa la propria esperienza di vita per valutare il corso della storia. Nel corso degli anni ho viaggiato moltissimo, ho vissuto in tanti posti e conosciuto tante culture diverse tra loro, e con l'approccio curioso del giornalista alla scoperta, sono rimasto sempre affascinato dai luoghi, dalle tradizioni e da tutto ciò che mi hanno raccontato le persone che ho incontrato. Poi, ogni volta che torno a Napoli è come vivere in una magia, nonostante sia la mia città mi emoziona ogni volta che la guardo, la vivo, eppure molti vanno via. Se è vero che per un lungo periodo le opportunità di lavoro al Nord sono state maggiori rispetto al Sud, registrando livelli occupazionali più alti del Mezzogiorno, è altrettanto vero che chi è rimasto un lavoro lo ha inventato. Conosco tanti ragazzi che grazie alla creatività, all'ispirazione e ai contributi e le agevolazioni che lo Stato ha messo in campo per dare una nuova vitalità al Sud, hanno sviluppato start up che oggi sono vere e proprio imprese che creano valore al nostro Mezzogiorno e lo rendono competitivo non solo col resto d'Italia ma sul piano internazionale. Secondo gli ultimi dati Svimez, nel 2023 il Pil del Mezzogiorno è cresciuto più del resto d'Italia arrivando a quota 1,3% contro l'1% del Nord. Questo è stato possibile grazie all'utilizzo di fondi europei e alle agevolazioni della Zona economica speciale, ormai non più regionale ma unica per tutto il Mezzogiorno, a fungere da volano di sviluppo al territorio. Certo, fare impresa al Sud negli ultimi decenni è stato piuttosto difficile per tanti motivi, ma negli ultimi anni stiamo assistendo ad un significativo cambio di rotta. Il Sud Italia gode di una posizione logistica invidiabile, di un clima meraviglioso e di bellezze paesaggistiche uniche al mondo. È il ponte sul Mediterraneo e gode di un sistema portuale e infrastrutturale che si sta consolidando.

Sul piano turistico cresciamo sempre più. Napoli negli ultimi tre anni ha registrato record di affluenze in città, ma anche per trascorrere le vacanze estive si sono registrati picchi di prenotazioni tra le perle della Campania, Puglia, Sicilia, Calabria e Basilicata. Qualcuno direbbe che non si può vivere di solo turismo e il relativo indotto, è vero; quindi, occorre un cambio di visione radicale e di prospettiva del nostro Sud. Se iniziassimo a convincerci che non bisogna andare necessariamente altrove per realizzarsi, ma si può fare anche in questa terra, partendo proprio dalle agevolazioni che lo Stato prevede per chi investe nel Mezzogiorno e così iniziare a sviluppare un meccanismo virtuoso per la creazione di valore professionale, sarebbe il miglior punto di partenza. I territori sono fatti di persone, e se tutti ci crediamo in ciò che facciamo, aldilà degli stereotipi e i luoghi comuni, può davvero iniziare la svolta. Gli strumenti e le potenzialità ci sono tutte, come dimostrano molte delle storie che abbiamo raccolto in questo numero de Il Newyorkese, bisogna solo avere un po' di coraggio e cimentarsi esplorando praterie che devono essere coltivate. Il Sud è una grande opportunità, cogliamola.

Per fare impresa ci vuole coraggio e determinazione, per tutelare il patrimonio artistico ci vuole passione per la propria terra, per creare valore occorre amore e intraprendenza. Non possiamo guardare soltanto nel breve termine, dobbiamo guardare in prospettiva per ciò che creiamo per vivere oggi e lasciarlo alle prossime generazioni.

ilNewyorkese

STORIA DI COPERTINA

Giosy Romano: Una narrazione nuova per virare a Sud

DI **MATTIA IOVANE**

"Puntare su semplificazione burocratica e Zes mediterranea."

L'immagine del Sud Italia nel mondo trascina spesso con sé stereotipi e luoghi comuni, ma per fortuna questa è soltanto una parte della narrazione perché il Mezzogiorno d'Italia esprime un grande valore legato alle straordinarie eccellenze che nei secoli hanno tramandato una tradizione culturale, artistica e imprenditoriale partendo proprio dalla piccola e media impresa. **Giosy Romano** è un avvocato di lungo corso, **coordinatore unico Zes per il Mezzogiorno d'Italia** e **Presidente del Consorzio per l'Area di Sviluppo Industriale della Provincia di Napoli** (ASI), nonché Presidente della Confederazione Italiana per lo Sviluppo Economico (CISE).

Presidente, qual è la sua visione del Sud oggi?
La mia è una visione che muove da quanto realizzato negli ultimi anni, ma che guarda in prospettiva rispetto alla posizione geografica di profondo vantaggio occupata dal Mezzogiorno. Sotto l'aspetto delle attività produttive, i risultati degli ultimi anni hanno generato un'attenzione verso il territorio anche da parte di soggetti estranei al contesto nazionale, in ragione della possibilità di far emergere le caratteristiche naturali di questa parte d'Italia vocata alla centralità nel Mediterraneo e nel mercato internazionale. Ritengo ci sia un'oggettiva possibilità di attrarre gli investimenti a Sud, divenendo "trainanti" piuttosto che "trainati".

Qual è il punto di partenza nell'attività di promozione economica ed imprenditoriale del territorio e quali sono gli obiettivi a lungo termine?
Noi partiamo da un ossimoro: essere umilmente ambiziosi. A dire il vero questo approccio è diventato il nostro cavallo di battaglia, mettendo insieme diversi consorzi industriali, università come la Mercatorum e un grande centro come Eurispes. In questo modo è nato il CISE, con l'obiettivo di favorire il collegamento fra imprese italiane allocate nell'area mediterranea.

Cosa è stato fatto in questo periodo attraverso il CISE che lei guida
Si pensi al forum di grande spessore organizzato con l'Egitto e i vari governi nazionali dell'area del Mediterraneo, generando una nuova linea di sviluppo per le aziende. L'ambizione è mettere a sistema la macroregione del Medi-

terraneo, superando i confini politici per arrivare a quelli fisici dettati dal mare e, l'obiettivo, si sostanzia nella creazione di una grande Zes del Mediterraneo con l'impegno di ciascun soggetto, prescindendo dal luogo e unendo tutte le realtà che affacciano su questo specchio d'acqua.

Il Mediterraneo porta con sé opportunità di sviluppo, ma vi sono anche dei limiti?
Il limite consiste nella visione miope di chi si affaccia in questo specchio di mare pensando di poter primeggiare come Stato in qualità di unico attore e generatore di sviluppo. Il mio auspicio consiste nel superamento di tale limite, perorando una visione più ampia della costruzione di un percorso che prescinda dalla primogenitura.

Operatori e imprese devono essere in sinergia fra loro per uno sviluppo concreto, pertanto occorre cambiare il modo di pensare tipico di noi meridionali ovvero quello di "essere guidati da qualcuno". Si deve prendere coscienza della capacità di guidare, traendo spunto da chi lo fa quotidianamente nelle imprese, con l'energia e la professionalità dei vari operatori del settore.

Si parla di "grande Sud", ma qual è la vera opportunità del Sud?
Innanzitutto, la posizione geografica straordinaria. Ma la cosa più importante è quella di dare la possibilità a chi si forma nel Mezzogiorno di poter restare, considerando che gli eccellenti centri di formazione non mancano.

Non bisogna per forza far tornare chi è andato all'estero, ma far funzionare l'infrastruttura immateriale più importante che c'è: quella delle risorse umane presenti sul territorio.

In che modo?
In tal senso va corretta la narrazione di un Sud "piagnone" costantemente bisognoso di ombrelli dal governo centrale, ma non per questo assecondando la narrazione eccessivamente ottimistica. Serve moderazione e saper raggiungere il risultato prima di raccontarlo. Un esempio lampante deriva dalla percezione di legalità e sicurezza del territorio, dimostrando sul campo, a chi vuole investire, che è "al sicuro".

"Lo abbiamo fatto certificando le aree industriali della Campania attraverso il Pon Legalità;"

Con aree videosorvegliate a 360° sotto il profilo dell'intrusione fisica e ambientale, creando in questo modo un'isola felice dove le industrie che si insediano nei nostri territori si sentano protette. Questa veicolazione della narrazione comporta una maggior attrazione di investimenti, implementando così quelli di multinazionali già esistenti sul territorio.

L'Italia è molto amata all'estero e nel mondo. È un brand internazionale di grandissimo valore e il Sud è noto per le bellezze naturali, paesaggistiche e anche per lo sviluppo industriale. Negli Usa c'è tanta voglia di Italia e molti italo-americani desidererebbero visitarla e investire. Che consiglio darebbe a tal proposito?
La mia idea è che bisogna affiancare questa attrattività del brand con una semplificazione burocratica. Il turismo non va abbandonato ma coltivato e corroborato con ulteriori elementi, perché al territorio, dotato di una bellezza tangibile, possono essere unite azioni che forniscono certezza dei tempi d'investimento all'imprenditore che vuole collocarsi al Sud. Gli americani sono abituati a programmare un investimento, ma conoscendo la data certa della sua messa a terra. Se semplificazione burocratica e Zes riescono ad ancorare gli investimenti a regole e tempi certi, si può addirittura sortire un effetto di emulazione ad opera degli altri, rispetto a coloro che riescono già a correre.

Dopo tutto questo lavoro che ha fatto per il Mezzogiorno, qual è il suo più grande desiderio?
Vedere realizzate al Sud le cose che immagino.

New York - 23/03/2024 - Italian Cultural Institute. Alma Laias, senior advisor della Camera di Commercio Americana in Italia e rappresentante del Niaf, consegna l'Italian Reputation Award a Giuseppe Romano.

*il*Newyòrkese

ISTANTANEE

6 foto del mese

JAPANESE HILL AND POND GARDEN
90 Washington Ave, Brooklyn

1 Un angolo di pace e bellezza nel Brooklyn Botanic Garden, questo giardino giapponese offre un paesaggio armonioso con colline curate, uno stagno tranquillo popolato da carpe koi, e ponti tradizionali. Un luogo ideale per una passeggiata meditativa, immerso nella cultura e nell'estetica giapponese.

#Newyorkese

2 Il One World Trade Center, anche conosciuto come la Freedom Tower, si erge come il grattacielo più alto dell'emisfero occidentale. Un simbolo potente di rinascita e speranza, offre viste spettacolari dall'osservatorio e rappresenta un tributo commovente a coloro che hanno perso la vita l'11 settembre.

ONE WORLD TRADE CENTER
285 Fulton St, New York

ilNewyòrkese

ROOSEVELT ISLAND
East River, New York

3

Situata tra Manhattan e Queens, Roosevelt Island è un'oasi urbana nel cuore di New York. Con il suo tranquillo FDR Four Freedoms Park, sentieri panoramici e viste uniche sull'East River e su Manhattan, l'isola è un rifugio tranquillo dalla frenesia della città.

#Newyòrkese

4 Il Brooklyn Heights Promenade offre una delle vedute più spettacolari dello skyline di Manhattan. Da questo punto panoramico, si possono ammirare i grattacieli che si stagliano contro il cielo, il ponte di Brooklyn che si allunga maestoso, e le luci scintillanti della città che non dorme mai.

MANHATTAN VIEW
Brooklyn Heights Promenade, Brooklyn

il Newyòrkese

5 Questa scultura iconica di Robert Indiana, situata a Midtown Manhattan, rappresenta la parola "Hope" in caratteri rossi e vivaci. Simbolo di ottimismo e resilienza, la scultura è un punto di riferimento amato sia dai turisti che dai residenti, invitando tutti a riflettere sull'importanza della speranza.

HOPE SCULPTURE
BY ROBERT INDIANA
200 W 53rd St, New York

il Newyòrkese

CENTRAL PARK LAKE
Central Park, New York

6 Nel cuore di Central Park, il lago offre un rifugio tranquillo dal ritmo frenetico di New York. Con le sue acque calme dove scivolano le barche a remi, circondate da rigogliosi alberi e prati, il lago è uno dei luoghi più pittoreschi e romantici del parco, ideale per una passeggiata rilassante o un picnic all'aperto.

"Newyorkese

GOOD MORNING ITALY

La voce degli Italici negli Stati Uniti

DI **CLAUDIO BRACHINO**

Noto autore, giornalista e direttore editoriale, ha scritto opere teatrali e saggi, tra cui "La macchina da presa teatrale". Ha iniziato la sua carriera giornalistica nel 1987 con Fininvest, contribuendo al successo di programmi come "Verissimo" e dirigendo "Studio Aperto" e "Mattino Cinque". È stato direttore di Videonews e ora è Direttore Editoriale di "Good Morning Italy", editorialista Italpress e commentatore politico per Rai e La7.

Good Morning Italy, lo dicono i grandi semiologi, i titoli più semplici sono anche quelli più funzionali, quelli che rappresentano meglio la cosa di cui si parla. Umberto Eco del suo bestseller "Il nome della rosa" disse che lo avrebbe voluto chiamare "Adso De Melk", il nome del giovane monaco protagonista. Ma alla fine, per ovvi motivi musicali, prevalse il titolo che ha poi avuto immensa fortuna. Quando Davide Ippolito, giovane manager ed editore sbarcato in America per far fede biografica al suo documentario "New York solo andata" mi ha chiamato e mi ha proposto la direzione editoriale di questa nuova creatura, abbiamo parlato pochi minuti. Tutto era chiaro, tutto era semplice. Fornite attraverso un portale web e i suoi derivati social agli italiani che vivono negli States e agli italici che hanno ancora le radici nel nostro Paese, le informazioni essenziali per conoscere e capire l'Italia di oggi. Su questo asse scorrono poi vari testi e sottotesti, politici, economici, culturali, antropologici. Quando si parla di Made in Italy, come dice il grande Piero Bassetti, storico intellettuale lombardo che al tema ha dedicato un libro, non bisogna pensare a una serie di prodotti da esportare, ma a un generale modo d'essere di persone, gli italici, che vivono ormai altrove ma hanno come si dice i connotati nostrani.

Se gli italiani nel mondo sono appena 20 milioni, gli italici sono 250 milioni. Di questi molti vivono in America, tra Chicago, Washington, Boston, New York, Miami. Non si tratta dunque di venire a vendere la nostra mozzarella, con tutto rispetto, ma tenere vivo lo specchio delle radici in cui si riflette un'identità unica, dalla creatività, allo stile, al genio, all'istinto imprenditoriale. Noi siamo, con tutti nostri difetti, la Grande Bellezza nel mondo.

Tornando con i piedi per terra che facciamo? Ci riuniamo, redazione giovane e snella, tutte le mattine, e scegliamo le notizie principali che diano il senso della giornata italiana. Tutti i generi del giornalismo sono compresenti, politica, economia, cronaca nera e bianca e rosa, costume, sport, lifestyle. Facciamo la Top five delle notizie e ci appoggiamo all'agenzia di stampa Italpress, da poco sbarcata in America, per il corpo di tutte le notizie. Su questo schema io scrivo un breve editoriale al giorno, dal lunedì al venerdì, il sabato un video. L'editoriale è per me un fulmine, il pugnale che taglia la tela, un brivido, una provocazione. Titoli forti, giochi di parole, creazione di slogan. Temi liberi e liberi dall'ideologia. In equilibrio ma non senza una visione delle cose. Buongiorno Italia, benvenuta!

#Newyorkese

(BEA)UTY AROUND THE WORLD

Carlo Simi: l'architetto del cinema

 DI BEATRICE DELL'AVERSANO

È una mattina di mezza estate quella in cui Giuditta Simi mi accoglie nella sua casa di Roma. Siamo all'ombra della Cupola di San Pietro, in una città quasi del tutto svuotata dal caldo e con il canto incessante delle cicale. Prendiamo un caffè sedute ad un tavolo coperto da disegni e dettagli della biografia del papà, Carlo Simi. Ci lavora da tanto e tiene a dirmi che è la biografia non solo dello scenografo, ma soprattutto dell'uomo. Per comprendere chi fosse Carlo Simi dobbiamo pensare al cinema non nella sua apparenza. Dobbiamo andare dietro le quinte, là dove si concretizza la sua vera essenza, la sua anima, ciò che crea la magia. Classe 1924, Carlo Simi nasce come architetto.

Probabilmente non avrebbe mai immaginato il percorso che lo avrebbe reso un'eccellenza del cinema mondiale, ma alle volte ci sono vite che hanno forme inaspettate e, solo chi ha una visione come lui, può rendere quel percorso unico. Quando alla Facoltà di Architettura di Valle Giulia scelse tra i corsi la scenografia teatrale, questo determinò in parte il suo destino. Gli incontri che seguirono fecero il resto. Del cinema, all'inizio, disse che non pensava potesse avere tanti valori. Poteva disegnare scene e al tempo stesso conoscere grandi personaggi. Unire la realtà alla magia attraverso l'architettura. Le mura non in quanto tali, ma con soglie da varcare che ti portano dentro al sogno. Siamo nella Roma della rinascita dal dopoguerra, nel 1964, quando Carlo Simi incontra per la prima volta il regista Sergio Leone.

Aveva già lavorato per altri come Franco Giraldi e Sergio Corbucci, ma da un anno era tornato a fare il puro mestiere dell'architetto. Arrigo Colombo, produttore dell'epoca e fondatore della Jolly Film, gli aveva affidato la ristrutturazione della sua casa e Carlo Simi lo andò ad incontrare durante una riunione di lavoro che Colombo aveva con Sergio Leone.

Erano già passati diversi anni dalla fine del conflitto mondiale, ma l'Italia era un'esplosione senza fine di genio e creatività in cui tutto sembrava possibile. Si trovò davanti ad un tavolo con disegni ed elaborati pronti alla creazione di "Per un pugno di dollari", un film che di lì a poco sarebbe diventato leggenda.

Carlo Simi in disparte ad ascoltare, ma attento a cogliere il dialogo attraverso ogni sfumatura. Inaspettatamente, a voce alta e quasi senza accorgersene, davanti al produttore e al regista disse senza filtri che trovava quei disegni e studi assolutamente non adatti ad una scenografia di quel genere. Il commento generò un momento di gelo.

La voce, tuttavia, fu talmente autorevole che, pur non sapendo chi fosse, Sergio Leone lo mise alla prova e, in 20 minuti, Carlo Simi gli dimostrò cosa voleva dire creare una scenografia per un film western. Di "Per un pugno di dollari" Carlo Simi seguì scene, costumi e arredamenti. Nacque un vero e proprio genere cinematografico a cui si unirono altre pellicole come "Per qualche dollaro in più", "Il buono, il brutto, il cattivo", "C'era una volta il west". Da quella sera, Carlo Simi e Sergio Leone instaurarono un rapporto di stima e di affetto che proseguiranno per tutta la vita.

Il grande compositore Ennio Morricone disse un giorno "Sergio Leone immaginava una favola, Carlo Simi ci erigeva uno spazio attorno e io lo riempivo di musica. Era così che funzionava". Era così che funzionava nell'epoca in cui tutto sembrava possibile.

Passarono gli anni, anni di collaborazioni continue e di grande successo, e fu proprio questo idillio che li portò alla creazione di quello che ad oggi è riconosciuto come un capolavoro del cinema mondiale, "C'era una volta in America".

La regia di Sergio Leone, come protagonisti Robert De Niro affiancato da James Woods, Elizabeth McGovern e altri volti eccellenti del Cinema. La musica di Ennio Morricone che accompagna la storia del soggetto di Harry Grey. Gli abiti di Gabriella Pescucci.

La scenografia di Carlo Simi. Se è vero che il cinema è la settima arte in grado di unire l'estensione dello spazio e la dimensione del tempo, possiamo dire che, in quegli anni e più di chiunque altro, Carlo Simi fu colui che seppe elevare il concetto di scenografia e questo film ne fu una testimonianza.

La sua abilità era quella di saper reinventare i luoghi, prestando la realtà alla fantasia e al racconto. Ricostruì a Roma negli studi di Cinecittà l'intero set di Washington Street, la strada di Brooklyn che nella realtà è sotto il William's Bridge e attorno alla quale ruota tutta la storia.

È il luogo in cui si collegano il passato e il presente con il fascino degli anni 30'. Andò in America e tornò con centinaia di foto che aiutassero lui e le maestranze a ricostruire quella strada con il sapore e l'estetica dell'epoca del racconto. Furono costruite a Roma le facciate finte da applicare ai nuovi edifici, così come tutti gli elementi urbani. Non tutto si poteva girare a New York per cui decise di creare due scene gemelle, una in America e una a Roma. Gemelle le facciate dei palazzi, ma anche i tombini, i dettagli di ogni angolo. Prese nota addirittura degli orari per poter avere lo stesso gioco di ombre in modo che, nel montaggio, non si percepisse la differenza. Lo assemblò a Roma per capire se corretto, lo smontò e lo spedì a New York dove lo rimontò di nuovo. I disegni di Carlo Simi erano delle metafore perfette del racconto del film, quasi un secondo racconto destinato a quelle maestranze che avrebbero poi dovuto dar forma alla trama. Disegnava la scenografia e, al tempo stesso, dava tutte le indicazioni di come costruirle fino ad annotare come e quante viti servissero.

L'anima dell'architetto incontrava il sognatore nella costruzione, il visionario che era in lui creava la magia.

Alfred Hitchcock diceva che "il cinema è il come, non il cosa". Carlo Simi era in assoluto l'eccellenza del come. Nel suo lavoro riuscì a creare lo sfondo delle emozioni che dalle immagini passavano attraverso i personaggi, la storia, gli sguardi. "Un progettista dei Sogni", come titola la sua biografia scritta da Andrea B. Nardi. Il 7 Novembre 2024, ricorrerà l'anniversario dei 100 anni dalla sua nascita. La biografia che la figlia Giuditta ha curato con immenso amore sarà presentata all'Almería Western Film Festival e sarà pubblicata dal Centro Sperimentale, un omaggio destinato a pochi.

Nell'estate del 2025 sarà dedicato al grande scenografo un Museo a Covarrubias, nella terra dei set dei meravigliosi film western che lo legarono indissolubilmente a Sergio Leone.

L'università di Burgos istituirà una cattedra di architettura e cinema a suo nome. Quando ho chiesto a Giuditta di parlarmi di questa biografia, mi ha risposto che è prima di tutto la storia di un uomo. Ironico, molto colto, creativo, amante della bellezza, ma con un approccio sempre umile alle cose della vita. Nei suoi ricordi, un uomo che non ha mai rinunciato a condividere il suo pensiero, certo delle sue idee e delle immense capacità che lo hanno reso un fuoriclasse.

Carlo Simi era un grande architetto, un immenso scenografo, un uomo indimenticabile ma, soprattutto, citando un'altra celebre pellicola, era suo padre.

GREEN ENERGY

L'IA e l'efficienza energetica delle rinnovabili a Napoli

DI **SALVATORE PUCA**

Ingegnere ambientale, Direttore Generale Consorzio ASI Napoli. Nominato responsabile per la prevenzione della corruzione e per la trasparenza nel 2015, Puca ha contribuito a rilanciare il Consorzio, migliorando la gestione delle infrastrutture e garantendo sicurezza ambientale e fisica, contribuendo significativamente allo sviluppo economico regionale.

Nel contesto globale di crescente attenzione alle questioni ambientali e alla sostenibilità, la Provincia di Napoli sta facendo un passo avanti significativo nell'adozione delle energie rinnovabili. Il Consorzio per l'area di sviluppo industriale della Provincia di Napoli (ASI Napoli) sta esplorando le potenzialità dell'intelligenza artificiale (IA) per trasformare la gestione e l'ottimizzazione delle fonti di energia rinnovabile, come il sole, il vento e i flussi d'acqua. L'obiettivo è chiaro: aumentare l'efficienza energetica, ridurre i costi e mitigare l'impatto ambientale. Ecco come l'IA può rivoluzionare questo settore.

Ottimizzazione della Produzione di Energia Rinnovabile Uno dei principali obiettivi dell'ASI Napoli è ottimizzare la produzione di energia rinnovabile. L'IA può analizzare enormi quantità di dati provenienti da diverse fonti, inclusi dati meteorologici, storici di produzione e ambientali. Utilizzando algoritmi di machine learning, è infatti possibile:

- **Previsione della Produzione Energetica**: Modelli predittivi avanzati stimano la produzione energetica in base alle condizioni meteorologiche, migliorando la pianificazione e riducendo gli sprechi.

- **Ottimizzazione del Funzionamento degli Impianti**: Regolazione in tempo reale degli impianti per massimizzare l'efficienza, come l'inclinazione ottimale dei pannelli solari e la regolazione delle turbine eoliche.

- **Manutenzione Predittiva**: L'IA riduce i costi operativi e migliora l'affidabilità degli impianti attraverso la manutenzione predittiva.

- **Monitoraggio delle Condizioni**: Sensori avanzati e analisi in tempo reale monitorano continuamente lo stato degli impianti, rilevando immediatamente eventuali anomalie.

- **Previsione dei Guasti**: Algoritmi di machine learning identificano schemi che indicano potenziali guasti, permettendo interventi di manutenzione preventiva.

- **Sviluppo della Smart Grid**: La smart grid integra efficacemente le energie rinnovabili nella rete elettrica, mitigando i problemi di intermittenza.

- **Bilanciamento Domanda-Offerta**: L'IA prevede la domanda di energia e adatta la produzione per garantire un equilibrio ottimale, essenziale per le fonti rinnovabili.

- **Gestione delle Risorse**: La smart grid gestisce intelligentemente le risorse energetiche, immagazzinando l'energia in eccesso e rilasciandola quando necessario.

L'IA può anche giocare un ruolo fondamentale nell'individuazione dei siti più adatti per la produzione di energia rinnovabile. In particolare, ASI Napoli sta valutando diversi agglomerati industriali per ottimizzare l'installazione degli impianti: Acerra, Caivano, Casoria-Arzano-Frattamaggiore, Foce del Sarno, Giugliano-Qualiano, Nola-Marigliano, Pomigliano d'Arco. Utilizzando dati geospaziali e algoritmi avanzati, l'IA può identificare i luoghi con le condizioni ambientali più favorevoli per l'installazione di impianti solari, eolici e idroelettrici. Inoltre, l'IA può valutare l'impatto ambientale dei nuovi impianti, assicurando che la loro costruzione e operazione siano sostenibili. In caso andasse in porto l'adozione dell'intelligenza artificiale da parte dell'ASI Napoli, questo rappresenterebbe una vera e propria svolta nella gestione delle energie rinnovabili. Ottimizzando la produzione, migliorando la manutenzione e sviluppando una smart grid efficiente, l'IA potrebbe davvero aiutare la provincia di Napoli a raggiungere la massima efficienza energetica, riducendo le emissioni di gas serra e promuovendo la sostenibilità.

il Newyorkese

INTERVISTE

Carlo Palmieri: facciamo sistema tra aziende alla conquista dei mercati esteri

DI **GUGLIELMO TIMPANO**

Carlo Palmieri, vicepresidente Pianoforte Holding dei brand di moda Carpisa – Yamamay e vicepresidente SMI – Sistema Moda Italia con delega al Mezzogiorno ha descritto le best practice per fare sistema tra imprese di filiera e sensibilizzare il dialogo con le Istituzioni.

Dottor Palmieri, Carpisa – Yamamay sono due brand con sedi che collegano Nord e Sud
Abbiamo due quartier generali: uno a Nola in provincia di Napoli e l'altro a Gallarate in provincia di Varese, ma la proprietà è totalmente napoletana con una lunga tradizione nel campo della pelletteria e valigeria nel cuore di Napoli. L'opportunità di avere due sedi ci offre la possibilità di conoscere meglio l'Italia e guardarla da più prospettive con un approccio sempre critico, ma soprattutto conoscere e coinvolgere il tessuto economico-produttivo del nostro Paese nelle nostre attività.

Rispetto all'epoca in cui le vostre realtà aziendali hanno mosso i primi passi, il Mezzogiorno è cambiamo moltissimo. Ci sono molte più opportunità e grandi vantaggi nel fare impresa al Sud.
Il Sud è profondamente cambiato e sta diventando sempre più attrattivo. Ci troviamo nel pieno della fase di trasformazione del Mezzogiorno e molte realtà aziendali hanno resistito al periodo della pandemia grazie allo straordinario know-how che abbiamo al Sud e alla determinazione degli imprenditori, soprattutto le aziende più strutturate che godono di una certa progettualità ora stanno ricevendo i giusti risultati. Mentre qualche anno fa il Sud era un punto di partenza oggi non lo è più. Napoli in particolare può diventare un punto di ritorno per alcuni. Erano in molti ad andare via dopo che avevamo formato i nostri giovani al lavoro, ora c'è chi resta e chi rientra. Per noi questo è motivo di orgoglio e linfa vitale al sistema produttivo del Mezzogiorno.

Possiamo affermare che il Sud può rappresentare un grande volano di sviluppo sia per opportunità sia per vantaggio sui mercati grazie alla posizione sul Mediterraneo.
Certo, molto dipende ovviamente anche dai mercati con cui si lavora. Noi puntiamo verso il centro nord e sull'Europa, anche se resta l'aspettativa, di cui si parla già da diversi anni, di una consacrazione dei paesi del Mediterraneo del Sud e il Nord Africa. Con l'apertura verso questi mercati chiaramente essere localizzati nel Mezzogiorno può essere sicuramente un grande punto di forza e noi ci auguriamo che lo sia nel minor tempo possibile.

Pianoforte Holding è Sud-Nord, ma il vostro management e i di-

pendenti sono per la maggior parte del Sud e si confrontano costantemente con tantissime altre realtà italiane e all'estero.
Gli originari del Sud sono maggioranza piena, ormai siamo al ventesimo anno di nascita del progetto Carpisa e molti nostri collaboratori erano dei giovani del nostro territorio che sono cresciuti con noi e sono rimasti. È sinonimo di un'azienda che cresce e che fa crescere cercando di dare sempre nuovi stimoli professionali per non perdere mai l'entusiasmo e la professionalità acquisita. È una responsabilità ma anche una grande soddisfazione grazie ad una formazione continua che curiamo costantemente.

Il Made in Italy, soprattutto nel campo della moda è sempre vincente all'estero.
Il nostro è un prodotto mass market, quindi abbiamo un'area di mercato ben delimitata chiaramente. Ad esempio, i colleghi del tessile, che hanno una lunga tradizione partenopea, riescono ad avere successo anche nel mercato statunitense perché made in Naples, è sinonimo di qualità nella tradizione sartoriale. In questo senso si potrebbe estendere questo concetto anche ad altre filiere della moda come la nostra, facendo massa critica e cercando tutti insieme di coinvolgere maggiormente le Istituzioni nell'accompagnare le aziende nel processo di internazionalizzazione. È un lavoro che sto iniziando a fare in qualità di vicepresidente di Sistema Moda Italia con delega al Mezzogiorno.

Qual è la vostra quota di mercato all'estero?
Ci avviciniamo al 20%, ma mi auguro che si possa aumentare questa percentuale per dare uno slancio significato all'internazionalizzazione del nostro brand. A noi piacerebbe molto sbarcare negli Stati Uniti ma ci sono dei rischi molto alti che potrebbero essere ridotti notevolmente se le Istituzioni fossero più vicine e gli imprenditori più uniti.

Cosa c'è ancora da fare?
Nel breve periodo mi auguro un fronte comune dei brand delle aziende che, pur rispettando la loro individualità, messe a sistema avrebbero la possibilità e anche la capacità finanziaria di poter accompagnare nei processi di internazionalizzazione. Questa parola però va ripensata anche in modo diverso rispetto a quello classico delle fiere o delle missioni che non riescono a portare a termine i giusti risultati che ci che ci consentono di crescere. Un ulteriore aspetto importante è attivare dei meccanismi di reshoring, ovvero la possibilità di far ritornare sui nostri territori le aziende italiane che precedentemente avevano dislocato le produzioni all'estero.

Italian Cultural Institute

L'Istituto Italiano di Cultura di New York è un'organizzazione culturale italiana che si trova a New York City. Il suo obiettivo principale è quello di promuovere la lingua e la cultura italiana negli Stati Uniti. L'Istituto offre una vasta gamma di programmi culturali, tra cui mostre d'arte, concerti, proiezioni di film, conferenze, seminari, corsi di lingua italiana e molto altro ancora.

 686 Park Ave New York City

Sito Ufficiale

Stanze Italiane

YouTube

"Newyorkese

INTERVISTE

Megan Hudhock: Melluso, dalla bottega di Napoli al mercato americano

 DI **FRANCESCO CAROLI**

"Newyòrkese

Melluso è la storica azienda di scarpe nata nel 1945 nel rione Sanità di Napoli, come una bottega artigianale. Prende vita come un piccolo laboratorio a produzione familiare, venendo trascinata nel boom economico ed inserendosi nel mercato nazionale. Il vero slancio dell'azienda avviene negli anni Ottanta, quando Melluso investe in pubblicità sulla Rai grazie anche ai volti di Magalli e Pippo Baudo. Da quel momento in poi, Melluso diventa una dei nomi più affermati nel settore delle calzature. Oggi, l'azienda, ancora a conduzione familiare, ha iniziato il proprio percorso per penetrare il mercato americano grazie ad una partnership con la famiglia Hudock. Abbiamo intervistato Meghan Hudock, presidente di MelDoc, per farci raccontare questo percorso.

Ciao Meghan! Per iniziare, raccontaci un po' di te: da dove e come nasce l'amore per i prodotti italiani e l'Italia?
Sono sempre stata innamorata dell'Italia. Ho iniziato a studiare italiano a 14 anni. Non ho scelto io l'italiano, è stato lui a scegliere me! Pensa che il secondo anno di università l'ho fatto a Roma, e anche lì ho continuato a studiare italiano. Una volta laureata ho iniziato a insegnarlo nelle scuole. In seguito mi sono trasferita a Roma, dove lavoravo per un'azienda che aveva una sede lì. Ma ho lavorato anche come italian bilingual product translator per Google Shopping, prima di tornare a Pittsburgh e continuare a insegnare italiano. Dopo il Covid ho conosciuto i Melluso...

E com'è iniziata questa partnership con Melluso?
Abbiamo incontrato Alessia Melluso e Alessandro Iovino tramite la fondazione Andrea Bocelli. Siamo stati tutti amici della fondazione, ci siamo incontrati a New York, da Ribalta, per l'anniversario del 10° anniversario della fondazione a New York, tre o quattro anni fa.

Mi avevano raccontato di come Melluso producesse scarpe comode, famose in Italia. Ci siamo incuriositi e le abbiamo ordinate a occhi chiusi, scoprendo che sono davvero comode, bellissime. Non avendo negozi in America, abbiamo discusso della possibilità di aprirci a questo mercato quando sono stati a Washington, nel 2022, e poi a Napoli, quando sono andata a vedere la fabbrica. Poco dopo è nata questa bellissima partnership. Le nostre famiglie hanno valori veramente simili, le cose che sono importanti per la famiglia Melluso sono importanti anche per noi, e questo ha giocato un ruolo fondamentale.

Quindi è anche e soprattutto una

questione di valori...

Sì, sono valori interconnessi tra la famiglia Mellusso e la famiglia Hudock: l'importanza della famiglia, il valore del rispetto, l'educazione al lavoro. E poi gli intrecci di una vita... Ricordo quando sono andata a Napoli per la prima volta, andammo sulla collina di San Martino, e mi commossi pensando agli antenati di mia madre che partirono con una nave proprio da Napoli. E dopo un secolo siamo tornati qui.

E quindi è così che è nata Mel. Dock?

Sì, io sono il presidente di Mel. Dock, abbiamo creato questa azienda proprio per portare le scarpe Melluso in Nord America. Abbiamo l'esclusività su Melluso in tutto il Nord America, Canada e Messico.

Che visione c'è del prodotto italiano in America? Perché portare Melluso in America, cosa può aggiungere al panorama americano secondo te?

Guarda, in America c'è questa cosa... quando si viaggia all'estero, anche in Europa, in Francia, Germania, Irlanda... Non è la stessa cosa di quando si viaggia in Italia. Che si abbia origini italiane o meno, l'Italia finisce per mancare a tutti. Perché avete un modo di vivere, un sentimento, che manca altrove. Avete le vostre regole non scritte: il cappuccino non si beve dopo undici; non si esce col pigiama... [Ride, n.d.r.] E poi c'è l'accoglienza, il calore, che non c'è da nessun'altra parte. Ecco, Melluso comprende tutti questi elementi.

Artigianalità, tradizione, qualità, comodità, accoglienza. E penso si distingua anche dagli altri marchi, quelli più famosi, Prada, Gucci, Valentino. Anch'io indosso questi brand, ma Melluso ha un'altra cosa: la storia di una famiglia.

Le sue scarpe sono un simbolo dell'italianità. E sono di lusso tanto quanto gli altri marchi, per la qualità e la comodità, ma restano accessibili a tutti. Con questo progetto stiamo provando a portare il Made in Italy a chiunque.

Per ora la vendita è solo online, giusto?

Sì, abbiamo un magazzino a quindici minuti da Pittsburgh. Pian piano stiamo crescendo e stiamo investendo la maggior parte degli introiti in marketing. Faremo un evento a New York, un aperitivo in un ristorante insieme ad altri marchi per far conoscere il brand alla gente. In questo momento, insomma, stiamo costruendo le basi, lavorando su più fronti per accrescere la *brand awerness*.

La reputazione è un valore che influenza il mercato

Molti settori dell'economia sono già influenzati dal **valore della reputazione previsto e percepito**, ma la maggior parte delle organizzazioni non è **in grado di capitalizzare** il proprio a causa della **mancanza di strumenti completi** sia nella valutazione che nella gestione di esso.

We do

Reputation Research fornisce un **quadro più strutturato** e **olistico** delle operazioni e dei comportamenti dell'Organizzazione, **promuovendo** al contempo l'**attuazione degli Obiettivi di sviluppo sostenibile** (SDG).

- ✓ Programmi di ricerca
- ✓ Estrazione di dati funzionali
- ✓ Indagini, valutazione e monitoraggio
- ✓ Media e business intelligence
- ✓ Rapporti sulla reputazione
- ✓ Gestione della reputazione
- ✓ Strategie di comunicazione

Scopri di più su:
www.reputationresearch.org

il Newyorkese

INTERVISTE

Vito Grassi: una nuova linfa dall'imprenditoria del Sud

 DI **MATTIA IOVANE**

il Newyorkese

Amministratore delegato di Graded, tra le Energy Service Company italiane più attive nel nostro Paese e all'estero, Vito Grassi è un imprenditore abituato a vedere il bicchiere mezzo pieno per il futuro e a compiere ogni giorno quell'atto di coraggio che è necessario per aggredire il mercato. Ci ha raccontato come vivere imprenditoria e Mezzogiorno oggi, tra potenzialità, nuove idee per trattenere i talenti e l'esigenza di lavorare con un approccio sistemico, coerente e coeso.

Quali sono le opportunità di fare impresa al Sud?
Se consideri i gap che ci sono da recuperare, l'opportunità di fare impresa al Sud ha ampissimi spazi di mercato e margini di crescita. Nonostante un contesto che rende poco competitivo il territorio e non mette le aziende nelle migliori condizioni di sostenere la sfida dei mercati, c'è una classe imprenditoriale meridionale che sa attraversare qualunque difficoltà. L'ultimo esempio lo ha fornito il recente appello ZES: con un mese di finestra, con sei mesi di target, con l'ipotesi di chiusura a fine novembre, con le spese sostenute a inizio anno e con tutta una serie di elementi scoraggianti per chi deve fare un piano di investimenti aziendale, ha registrato, dal lato vivacità del tessuto imprenditoriale, un grandissimo successo per il Mezzogiorno con un numero di richieste e un importo complessivo impensabili. È stato un bel messaggio anche per il Governo: se volete sostenere la crescita al Mezzogiorno, le aziende che ci credono ci sono, sono numerose, sono in tutti i settori e non vedono l'ora.

Una bella notizia.
Un bel segnale di fermento. È solo l'ultima controprova per un tessuto imprenditoriale che funziona nonostante tutto, che investe, che digitalizza, che aggredisce i mercati internazionali, che è paladino del Made in Italy, in tanti settori. Nel manifatturiero dall'automotive all'aerospazio, alla farmaceutica, al comparto agroalimentare e per finire il grande spazio dedicato all'economia del mare dove siamo i più forti in Italia in termini di valore aggiunto, di occupati con tutti gli indicatori in crescita. Nel mio settore poi saremmo di gran lungo il territorio più fertile come potenzialità di produzione di energia rinnovabile. Non si può avere resa migliore che al Sud per quanto riguarda i pannelli fotovoltaici. È sempre più evidente che il tessuto imprenditoriale è molto attivo, ha abbandonato da tempo logiche di assistenzialismo puro e si sta misurando con le dinamiche del mercato internazionale. Oggi non ci sentiamo secondi a nessuno! Figuriamoci se avessimo

la possibilità di competere a parità di condizioni!

Diciamo che c'è un'inversione di tendenza importante che ci fa ben sperare dal punto di vista imprenditoriale.
Oggi finalmente si comunicano anche un po' gli aspetti positivi del Mezzogiorno in tutti i settori, non solo imprenditoriali. Chi fa il mio mestiere non potrebbe farlo se non vedesse sempre il bicchiere mezzo pieno e non fosse ottimista sul futuro. Per noi, dall'interno, è cambiato poco negli ultimi anni se non mantenere la barra dritta sugli obiettivi da raggiungere. È cambiata e sta cambiando piuttosto la percezione esterna.

Questo ci fa estremamente piacere se è utile a generare fiducia in chi deve venire a investire da fuori, dall'estero o da altri territori italiani, l'ultima speranza per dare un'accelerazione determinante al completamento delle grandi infrastrutture, senza le quali non avremo mai le stesse condizioni al contorno del resto del Paese e non si esce da un loop che vede tutto sulle spalle di chi riesce a generare reddito per la collettività, nonostante tutto!

In Italia e anche al Sud, ci sono imprese e professionisti che lavorano molto con l'estero e in alcuni casi hanno realizzato delle best practice conosciute in tutto il mondo. Per te che hai lavorato anche con gli Stati Uniti, in Africa e in altri continenti, qual è la reputazione e l'approccio dell'imprenditore italiano e del Mezzogiorno all'estero?
Ci sono tante aziende che fanno il loro atto di coraggio quotidiano. Nel senso che si assumono rischi non dovuti alla territorialità, ma all'incertezza del mercato, che è nella natura di chiunque fa impresa. Non a caso le aziende italiane in questo sono fortissime e il tessuto medio-piccolo italiano è unico al mondo, è quello che ha meglio reagito a tutte le crisi degli ultimi anni. È una peculiarità un po' di tutta la medio-piccola impresa italiana. Da ovunque tu parta, se internazionalizzi, se segui le logiche di mercato, cerchi le opportunità lì dove ci sono. Nel settore industriale, il nostro gruppo oggi lavora con tante aziende multinazionali di primissimo livello, che hanno avuto e mantengono un grande credito di fiducia in noi. Abbiamo società di diritto inglese, di diritto americano negli Stati Uniti, gestiamo campi di energia fotovoltaica in Romania, lavoriamo negli Emirati, in Kenya. Non è una semplice voglia di internazionalizzazione, fa parte del nostro mestiere non tirarsi indietro. La parte bella ed entusiasmante di fare impresa è questa, dare spazio alla propria creatività, al proprio senso di libertà.

Da un punto di vista delle professionalità, i tuoi collaboratori sono cresciuti nella tua azienda? Che tipo di formazione c'è sul territorio?

Tocchi una corda molto cara a me, sono 30 anni da quando sono rimasto senza mio padre e ho seguito la sua impostazione che era quella dei servizi ancora prima della costruzione degli impianti. I servizi hanno generato quel DNA, quella cultura di curare meticolosamente l'efficienza quotidiana degli impianti tecnologici, che ancora oggi fa la differenza con tanti competitor. Per la scelta dei nostri collaboratori abbiamo sempre seguito uno schema di grande sinergia con le università. Una trentina di anni fa, eravamo in stretto contatto con il dipartimento di Fisica Tecnica, oggi dipartimento di Energia, dal quale ci segnalavano dei laureati con buoni voti e noi davamo delle opportunità lavorative con il classico percorso stage e tirocinio e poi contratto a tempo determinato o indeterminato. Si è generato nel tempo un rapporto di grande fiducia reciproca, che continua ancora oggi con tanti che, entrati come primo contratto, sono rimasti e sono ancora con noi. Oggi ci possiamo onorare di avere un management allevato in casa, con cui c'è un grande rapporto di stima e di feeling. Ci si capisce a volo ed è il personale che già guida più del 70% delle nostre attività, ma che guiderà il 100% da qui a pochissimo tempo.

Negli anni si è forse però complicata la ricerca del personale, è vero?

Questo è il tema fondamentale, infatti, trovare risorse qualificate è diventato più difficile per due motivi: innanzitutto la denatalità. Nell'ultimo anno per la prima volta, anche al Sud, ci sono state meno nascite; non solo, però, perché si registra un milione circa di laureati che sono andati via dal Mezzogiorno negli ultimi dieci anni! Urge correre ai ripari. Uno dei motivi per cui questi ragazzi non rimangono è che le opportunità che si riforniscono da noi in Italia non danno totalmente l'impressione che si partecipi a una competizione sana di mercato. La gente preferisce andare all'estero dove la competizione è più cruenta, ma ci si sente più valorizzati, e anche il ritorno economico è più soddisfacente. E poi c'è un livellamento verso il basso, nel senso che a oggi il contratto collettivo nazionale del lavoro, il nostro in particolare metalmeccanico, faro irrinunciabile per i diritti dei lavoratori, non garantisce più, da solo, il potere d'acquisto necessario. Oggi, per quanto si possa incrementare un livello e dare delle premialità, gli aumenti sono irrisori rispetto alle opportunità che questi ragazzi trovano fuori, al Nord, dove l'economia è più florida, ma anche all'estero dove lo è altrettanto.

Come pensi si possa risolvere questa criticità?
Molto possono fare le imprese e noi lavoriamo moltissimo su questo. Servono nuovi modelli organizzativi da parte delle aziende, noi non siamo da meno, siamo al lavoro e stiamo sperimentando, con l'obiettivo di trasformare le deleghe operative prima in procure e poi in responsabilità dirette di aziende satelliti. Questo permetterebbe al nostro personale, parallelamente al contratto collettivo nazionale, di fare anche da amministratore di società collegate alla casa madre, sia per fascia di mercato e modello di business, sia legalmente. In questo modo proviamo a percorrere un percorso parallelo che possa aprire la strada al conseguimento di insistenti incrementi di remunerazione complessiva. L'obiettivo primario è cominciare a trattenere i talenti che già hai in casa. Consolidare il rapporto con chi è oggi sotto contratto, dando un messaggio all'esterno che chi verrà a lavorare con noi potrà usufruire di un sistema che li premia più che da altre parti. Questo fa parte anche della competizione fra imprese. Credo molto in questo progetto che si chiama Orbita Graded e sono curioso di capire, una volta che l'avremo messo a regime, quante aziende collegate e quanti amministratori riusciremo a creare. Sono modelli che non esistono da altre parti, e non c'è nessuno che fornisce formule magiche. Proviamo in questo modo a dare più fiducia a un giovane che approccia il mondo Graded, augurandoci che sarà utile a convincere altri a sceglierci.

Venendo all'università, a ottobre sarà inaugurata una sede dell'Università Federico II proprio a New York nel cuore di Manhattan. Come accogli questa notizia?
È un bel messaggio per la comunità italiana a New York, anche un messaggio in continuità sulla trasformazione del ruolo delle università all'interno della società. Le università non sono più solo il Tempio della conoscenza, del massimo livello di competenza e formazione o un fornitore di personale ben preparato, questo è il minimo sindacale. In realtà sono veri e propri attori di trasformazione urbana, come è accaduto con Apple Academy nella zona di San Giovanni a Teduccio a Napoli. La sede a New York si apre per i festeggiamenti degli 800 anni di questa istituzione, tra le più antiche al mondo, e nata appunto su intuizione di Federico II. Proprio per il suo nuovo ruolo però l'università farà anche da apripista e fattore attrattivo verso i soggetti privati che dovranno in qualche forma e misura aumentare il partenariato con le università, senza la preoccupazione

del pericolo che si privatizzi la formazione. Lasciando intatto l'approccio pubblico e aperto a tutti, però tanto può fare il soggetto impresa privata sana e di mercato che promuove e sostiene i curricula universitari, ospitando i ragazzi negli stage, supportando la formazione con esperienze dirette in azienda e rapportandosi anche con altri attori dell'istruzione come gli ITS. Anche alle aziende si sta chiedendo un ruolo che va oltre il classico, in un processo complessivo di trasformazione sociale che sta coinvolgendo tutti, ed a cui partecipiamo con grande entusiasmo e convinzione.

Come ti immagini il futuro del Sud dell'Italia nell'ambito economico e imprenditoriale?
Il patrimonio archeologico, ambientale e culturale del Mezzogiorno con tutte le sue potenzialità non lo scopriamo certo oggi e infatti l'attrattività turistica è incredibile. Ovviamente non ci si può fermare al solo turismo, che deve essere accompagnato dal sostegno alla manifattura che funziona, alle infrastrutture di collegamento altrimenti si arriva al paradosso di dover tassare i turisti perché non raggiungano i territori. Al di là di tutto, quello che ci vorrebbe è una strategia di medio termine che punti realmente sul Mezzogiorno e che vada oltre lo spoil system del passaggio da un governo all'altro. Perché le misure a sostegno non sono mai mancate, però la strategia vera e propria, quella che prevede un focus sul Mezzogiorno come c'è stato magari sulla Germania Est dopo la caduta del muro, quella non c'è stata e ancora non c'è.

Come si inserisce in questo contesto Bagnoli Futura?
L'area di Bagnoli diventerà il polmone verde della città con 200 ettari di verde. Sarà impegnativo anche tenerlo ben curato. Per quello che ci riguarda siamo impegnati nel parco tecnologico ambientale. Ad oggi 30 aziende si trasferiranno in un'area che dopo 16 anni ha ottenuto il permesso di costruzione e dove si prepara il cantiere per iniziare le costruzioni in elevazione. Ci è voluta tutta la pazienza, la determinazione e l'applicazione di chi fa impresa per arrivare a questo punto, ma nei 16 anni il rischio di default è stato altissimo per parecchio tempo. Noi vediamo Bagnoli come una grande opportunità e vediamo che oggi finalmente si sta sbloccando qualcosa, anche nelle aree da bonificare. Le amministrazioni stanno accompagnando il più possibile questa vivacità realizzativa. Il Parco dello Sport potrebbe vedere la luce prima di tutti perché è stato affidato alla Federazione e al Coni. Bagnoli da qui a due anni potrebbe mostrare qualche risultato concreto dopo almeno 25 anni di immobilismo pressoché totale.

RIFLESSIONI

Il Sud: ponte mediterraneo

DI **LUIGI CARAMIELLO**

È un rinomato sociologo, professore universitario e giornalista professionista. Specializzato in sociologia dei processi culturali e comunicativi, ha insegnato in diverse università italiane e internazionali. È autore di ventidue libri e numerosi saggi scientifici, e ha diretto vari progetti di ricerca. È membro di diverse istituzioni scientifiche e ha ricevuto numerosi premi e riconoscimenti per i suoi contributi nel campo artistico e scientifico.

Intorno ai caratteri ed alle "ragioni" del divario, che esiste fra le regioni del Mezzogiorno e le aree maggiormente sviluppate del nostro Paese, sono stati versati fiumi di inchiostro. La "questione meridionale" è forse il leit motiv più ricorrente nel dibattito fra economisti, politologi, storici, sociologi.

Su talune odierne letture del fenomeno, in certi casi, pare mostrarsi una certa convergenza: il Sud sperimenta una forte carenza di tipo infrastrutturale, che si associa a una cronica inefficienza della pubblica amministrazione, questi fattori, combinati fra loro, frenano le opportunità di sviluppo, le quali, naturalmente, generano scarse opportunità lavorative, favorendo la persistenza di sacche endemiche di disoccupazione e "sommerso", nelle quali trova alimento la criminalità organizzata, la cui presenza capillare sul territorio condiziona fortemente il modo di funzionare dell'apparato politico ed istituzionale generando gravi fenomeni di collusione, malversazione e clientelismo. Una dimensione di insicurezza diffusa che scoraggia gli investimenti, impedendo la creazione di nuove opportunità lavorative ed alimentando così il ciclo della marginalità e quindi il brodo di coltura della malavita. È un circolo vizioso. Un gatto che si morde la coda. Evidentemente ci sono forti elementi di verità in questo ragionamento, insomma, non si tratta di un'analisi astratta svincolata dai dati di realtà.

Sono le linee essenziali sulle quali si muove la riflessione "meridionalista" contemporanea, e certo non possono essere liquidate con un'alzata di spalle. Eppure, io mi sono chiesto in varie occasioni, se il "discorso" meridionalista non sia esso stesso un tassello del circolo vizioso che imprigiona il nostro Sud. La cornice "retorica" che fornisce, da troppo tempo, alibi e giustificazioni al mancato take off del Mezzogiorno d'Italia. Perché il dato reale è questo e basta un solo indicatore ad evidenziarlo. Nelle regioni meridionali il reddito procapite è all'incirca la metà di quello di cui si dispone nelle aree più sviluppate del centro nord. Ma andiamo con ordine. Secondo molti studiosi la ragione è tutta da ricercare negli errori con i quali si è realizzata l'unità d'Italia. È una tesi sostenuta da alcuni dei più classici teorici della questione meridionale: il florido regno delle due Sicilie depredato dai piemontesi e compagnia cantante. A mio parere, se questo ha inciso, lo ha fatto in modo limitato e parziale. Il divario c'era già prima ed era molto sensibile. Del resto, se il regno borbonico era il paradiso di efficienza e modernità di cui si favoleggia, non si spiega come sia stato possibile il suo crollo repentino, la teoria infinita di complicità e tradimenti che ha travolto il gruppo dirigente dello stato, in tutti i suoi comparti, che fu la principale ragione del successo dell'impresa garibaldina.

In realtà la dimensione politica, militare, amministrativa del Sud era già in una profonda crisi. La nascente rivoluzione industriale la stava già accentuando. Perché l'avvento della meccanizzazione in agricoltura portava incrementi produttivi formidabili nelle fertili pianure irrigue dell'area padana. Ma non è stato lo stesso per le piccole zone coltivabili, aride, collinari e montuose del nostro Sud. In cui vigeva ancora il latifondo, mentre al centro nord gia progrediva "l'imprenditorialità" a carattere mezzadrile. I capitali di partenza del "successo" settentrionale sono venuti da lì. Dal punto di vista dell'orografia poi le differenze pesano ancora e molto. Costruire un'autostrada in pianura padana, per fare un esempio eclatante, può costare anche 100 volte meno che realizzarla in certe parti della Calabria o della Basilicata. E questo non è e non è stato ininfluente.

Ma ritorniamo al nostro "circolo vizioso" contemporaneo. La domanda è: come uscirne una volta per tutte? Il discorso pare avere un andamento autoreferenziale, gira su sé stesso e ci si ritrova al punto di partenza. Secondo Bateson quando ci si trova in una condizione del genere, per sottrarsi al "paradosso" sistemico, bisogna dislocarsi su un "metasistema". Ecco, il primo punto è che il Sud deve guardare fuori di sé. Deve pensarsi per quello che rappresenta in dimensione più ampia: una grande piattaforma mediterranea dello scambio, dello sviluppo, del progresso. Con il mare di mezzo che ha riacquistato la sua centralità, non solo sul piano economico, ma sul terreno geopolitico globale, il Mezzogiorno d'Italia è, naturaliter, lo snodo di una nuova stagione di innovazione, nella strategia di sviluppo che "deve" investire il Maghreb, il MO, i Balcani, ed attraverso Suez l'intero bacino indorientale.

Ora, questa orribile "guerra mondiale a pezzi" rende tutta la visione più opaca. Ma dovrà pur finire, con una "pace giusta" come si spera. Ed allora il nostro Sud rivelerà tutto il suo potenziale di vettore, per la socializzazione della sponda Sud e est del mediterraneo, ai valori di democrazia, libertà, pluralismo, stimolando il progresso civile, la dinamica del mercato, l'innovazione tecnologica e con essi il benessere per grandi masse. Non dovrà più essere oggetto delle cronache per i naufragi drammatici dei migranti. Ma dovrà essere la stazione dell'esportazione mercantile, dello scambio commerciale, del trasferimento tecnologico. Il Sud dovrà essere per tutto il bacino mediterraneo come e più della Puglia che è divenuta un terminale decisivo per lo sviluppo fra le due sponde dell'adriatico.

Gli indizi di questa possibilità sono molteplici. Perché, bisogna dirlo, il Mezzogiorno non è solo arretratezza, nel Sud vi sono moltissime realtà produttive, imprenditori lungimiranti, interi distretti che funzionano ed hanno un potenziale di sviluppo ancora non espresso del tutto. I dati recenti sull'export sono assai incoraggianti. Ed anche il turismo (che non può in alcun modo essere sostitutivo dello sviluppo industriale) sta dando un utile contributo, che può essere ancora più incalzante se miglioriamo la dotazione infrastrutturale e i fondamentali dell'economia. Insomma, il decollo del Sud non potrà risultare da un vecchio meridionalismo assistenzialista e piagnone. Ma deve scaturire dalla realizzazione di un progetto di ampio respiro. Il Sud come "Ponte mediterraneo". E il suo emblema dovrà essere il ponte sullo stretto, l'opera più ardita mai pensata dell'ingegno umano. "L'attrattore strano" destinato a generare decine di migliaia di posti di lavoro, a rilanciare la siderurgia, la meccanica, l'edilizia, la chimica. A portare nel nostro Sud migliaia di viaggiatori per vedere il simbolo sublime di un'umanità che si congiunge, si unifica e progredisce.

La notizia su misura

Nell'era delle fake news, affidarsi a fonti attendibili e notizie verificate è fondamentale.
Da 35 anni Italpress garantisce un giornalismo selezionato e di qualità con 30 notiziari tematici disponibili 7 giorni su 7; una produzione multimediale in continua crescita grazie anche ai numerosi format video di settore, condotti da volti noti e autorevoli. Tre redazioni: Palermo, Roma e Milano. Un ufficio di corrispondenza a New York.

Oggi Italpress è una delle agenzie di stampa di punta del panorama italiano, con un flusso di più di duemila takes e cinquanta video al giorno. È un riferimento affidabile per agenzie di comunicazione, uffici stampa e marketing, grazie a oltre 400 siti e più di 100 TV partner.

Italpress: la notizia c'è, si vede, si ascolta...

La notizia su misura

il Newyorkese

INTERVISTE

Annamaria Colao: L'eccellenza del Sud e il futuro della salute

 DI **MATTIA IOVANE**

La Professoressa Annamaria Colao, eminente figura del mondo accademico e scientifico, dirige il Dipartimento Assistenziale Integrato di Endocrinologia, Diabetologia, Andrologia e Nutrizione presso l'Azienda Ospedaliera Universitaria "Federico II" di Napoli. In questa intervista ci racconta l'importanza della vivacità culturale italiana, il progetto di espansione dell'Università Federico II a New York, e il suo impegno per promuovere la cultura della prevenzione e stili di vita sani attraverso l'iniziativa Planeterranea.

Professoressa Colao, lei è orgogliosamente una donna del Sud, è nata e si è formata a Napoli dove attualmente dirige il Dipartimento Assistenziale Integrato di Endocrinologia, Diabetologia, Andrologia e Nutrizione dell'Azienda Ospedaliera Universitaria (AOU) "Federico II". Per il suo lavoro è spesso in giro per il mondo… qual è la reputazione di Napoli e del Mezzogiorno nei consessi internazionali?
Da sempre Napoli è fucina di talenti e di grandi menti che nei più svariati settori sono diventati veri e propri riferimenti internazionali e, naturalmente, non sfugge a questa "regola" l'Università Federico II e la Scuola di Medicina e Chirurgia alla quale io orgogliosamente appartengo e le cui insegne grazie al grande lavoro quotidiano svolto insieme al mio team proviamo a portare alte in tutto il mondo.

Quanto incide la vivacità culturale italiana nel mondo?
Credo che una delle caratteristiche dell'Italia sia proprio la vivacità culturale che ci ha permesso di essere guida e riferimento in tante cose. Gli italiani sono rispettati e apprezzati per le proprie doti inventive, le capacità di creare nuove strade, l'attitudine al lavoro e al sacrificio per non parlare poi dell'arte e della cultura italiana che rappresentano da sempre una fonte d'ispirazione per tante realtà in giro per il mondo.

Qual è il livello di attrattività dell'Italia sul piano scientifico e culturale?
L'Italia, nonostante le tante difficoltà ataviche cui chi fa ricerca è costretto a far fronte, è non solo attrattiva ma è un grande riferimento. Basti pensare a come le grandi scuole e i grandi centri di ricerca internazionali cercano di accaparrarsi i nostri ricercatori, non solo i più talentuosi. Spesso sono proprio i nostri connazionali a lavorare alle più importanti ricerche e a definire i piani di lavoro per importanti studi scientifici. Il più volte raccontato nel corso del tempo *"genio italiano"* è ancora oggi un inequivocabile attrattore per chi investe in ricerca ed in cultura.

L'Università Federico II di Napoli aprirà a breve una sede proprio nel cuore di New York, a Manhattan. Un presidio della storica Accademia partenopea nella Grande Mela è un passo importante per il Sud e per l'Italia.

L'università Federico II di Napoli è un pezzo di storia europea, italiana e ovviamente un pilastro di quella del nostro amato SUD. Da sempre la Federico II prepara classe dirigente per il nostro Paese, non dimentichiamo, solo per citare un esempio importante, come nel recentissimo passato l'ex Rettore e attuale Sindaco di Napoli, Gaetano Manfredi, sia stato Ministro per la Ricerca. Quest'anno, guidati egregiamente dal nostro Magnifico Rettore Matteo Lorito, si celebrano i festeggiamenti degli 800 anni dalla sua fondazione ed è davvero emozionante e motivo d'orgoglio pensare di far parte di questa magnifica e avvincente epopea con tanti amici e colleghi che negli anni hanno condiviso un percorso comune di ricerca e studio. Credo che un presidio dell'Università Federico II a New York sia necessario poiché l'America e la Grande Mela sono la capitale culturale del mondo e un Ateneo come il nostro, con la sua storia e tradizione, non poteva non essere presente laddove spesso si tracciano le linee culturali che determinano gli anni che vivremo.

Il Mezzogiorno è fatto anche di tradizioni importanti, soprattutto sul piano culinario vanta un vasto repertorio di cultura gastronomica non sempre salubre. Qual è il suo consiglio per mantenere le tradizioni ma anche una corretta alimentazione?

Le tradizioni sono importanti ed è fondamentale provare sempre a preservarle e testimoniarle. Non bisognerebbe mai eccedere in nulla e mi sembra che questa sia una regola che ogni cultura e filosofia nel corso dei millenni abbia raggiunto questa convinzione. Mantenere una corretta alimentazione è possibile senza esagerare e tenendo presente che il nostro corpo è come un'auto: mai rinunciare alla colazione poiché rappresenta il carburante per partire al mattino e ricordarsi poi che a cena occorrerebbe mangiare un po' di verdure, dell'insalata, un uovo, qualcosa che si digerisca molto rapidamente. Come dice un vecchio adagio che mi piace spesso citare *"colazione da re, pranzo da principe, cena da povero"*.

La cucina è un elemento culturale molto importante, spesso fatto di prodotti locali che non sono sempre reperibili nel mondo. Come si può adattare la nostra alimentazione tradizionale quando si è all'estero per un lungo periodo?

La nostra alimentazione tradizionale presenta delle caratteristiche uniche che l'hanno fatta amare in tutto il mondo e dal 2010 la Dieta Mediterranea – tra l'altro "teorizzata" e studiata proprio in Campania da Ancel e Margaret Keys - è stata riconosciuta come patrimonio UNESCO.

Risulta chiaro come però non tutti gli alimenti che la compongono siano presenti nelle diete delle diverse zone del mondo. Possiamo però lavorare per individuare delle piramidi alimentari capaci di dettagliare, così come per la nostra Dieta Mediterranea, i cibi utili ad una corretta alimentazione e ad un sano stile di vita per le diverse aree del globo. Io e il gruppo di lavoro della Cattedra Unesco Federico II "Educazione alla Salute e allo Sviluppo Sostenibile" di cui sono responsabile siamo al lavoro su questo studio, l'abbiamo chiamato Planeterranea perché partendo dai principi della Dieta Mediterranea cerca di individuare modelli di adattamento locale validi per ogni zona e cultura.

Planeterranea quindi porterà il Mezzogiorno d'Italia in tutto il mondo.
Ha detto bene. Proprio partendo dalla cultura alimentare tradizionale studiata nel nostro Mezzogiorno speriamo di essere in grado di tracciare una mappa dei comuni denominatori positivi in grado di garantire a ogni popolazione un sano stile di vita. Il benessere, lo star bene, la sostenibilità, il rapporto armonico con la natura sono da millenni al centro del pensiero filosofico e scientifico delle culture che si sono susseguite nel Mediterraneo.

Quale sarà il suo prossimo obiettivo?

"La sfida di Planeterranea è sicuramente uno degli obiettivi del futuro prossimo, ma in generale continuerò a impegnarmi per diffondere la cultura della prevenzione di stili di vita sani..."

specialmente tra le giovani generazioni grazie al lavoro incessante che ormai da anni conduciamo con la Cattedra Unesco Federico II e tutta la rete che abbiamo costruito. Se posso definire un obiettivo su tutti oltre la prevenzione è quello di continuare a costruire spazi e aprire strade per l'affermazione delle giovani generazioni.

*il*Newyorkese

RIFLESSIONI

New York città sostenibile? La prima tappa dello Study Tour di Federmanager Academy

DI **FEDERICO MIONI**

Direttore di Federmanager Academy e docente nei Master di IULM e Università Cattolica.

"Non aspettatevi che New York oggi sia solo quella della percezione classica, ovvero turismo e finanza."

Con queste parole il Console generale a New York, dott. Fabrizio Di Michele, ha accolto il gruppo di una cinquantina di manager, portati col Twin Revolution Program di Federmanager Academy, e col supporto di 4.Manager, nella Grande Mela e poi a San Francisco. Sulla prima di quelle due rivoluzioni gemelle, il Console ha citato come esempio un gruppo di progetti sul digitale più avanzato, portati avanti dalla Cornell University, che si affianca all'elaborazione di altri grandi atenei, come New York University, Columbia, Fordham, o a grandi corporations come IBM, che ci ha offerto due lezioni di grande livello. New York, del resto, è talmente ricca e grande che in ogni ambito, si potrebbe dire, si trova quel capitale cognitivo che oggi muove il mondo.

Se parliamo dell'altra rivoluzione gemella, la Sostenibilità (la prima è ovviamente la Digitalizzazione), le cose si fanno più complesse. Seguendo il famoso acronimo ESG

"Newyòrkese

che si riferisce al versante ambientale (Environmental), Sociale e di Governance, possiamo dire che New York ha da un lato alcune sperimentazioni all'avanguardia nel mondo per la riduzione dei consumi o per le rinnovabili, ma dall'altro una serie di sprechi e consumi impressionanti, che si vedono anche dalla raccolta differenziata, molto in ritardo rispetto a quanto si vede in Italia.

Sul versante Sociale, a fianco di esperienze molto avanzate sul terreno dei diritti e dell'inclusione delle forme di diversità, come quelle descritte nei padiglioni della Ford Foundation, vi è una raffigurazione plastica dell'esclusione di tanti cittadini o semplici esseri umani approdati negli USA (che, va ricordato, non hanno una dignità inferiore) con gli homeless o altre persone che vagano in una dimensione di esclusione qualche volta voluta, molto più spesso indotta da un sistema che non lascia tregua a chi una volta è caduto, o a chi ha avuto un'esistenza segnata dal dolore fin dall'infanzia, con traumi dovuti alla violenza o, quantomeno, all'assenza di quella educazione che deve aiutare a restare su una relazionalità sociale accettabile. Il discorso è molto complesso, e qui ci limitiamo a dire che New York, metropoli con una cultura civica molto avanzata, può e deve fare di più, garantendo un'assistenza di base (spesso assente) e spingendo verso percorsi di responsabilizzazione e recupero attivo.

Su questo piano, e associando le policy sia ambientali che sociali, un grande manager come Mauro Porcini, Chief Innovation Designer di PepsiCo, ci ha fatto capire l'importanza delle intuizioni che aprono un dialogo con consumatori e altri stakeholder. I risultati straordinari della sua azienda sono dovuti anche al fatto che, da molti anni, Pepsi ha una politica tutta ispirata alla Sostenibilità: prodotti con meno zucchero, campagne di sensibilizzazione alimentare, assunzioni anche per persone di categorie fragili .... Anche per questo Porcini ha ricevuto da Reputation Research e Federmanager Academy il Reputation Award, ed è stato significativo il racconto della realtà che ci ha ospitato: il professor Fabio Finotti, docente in Columbia e Direttore dell'Istituto Italiano di Cultura, con alcuni spunti ha fatto capire come l'aspetto culturale sia un driver decisivo per promuovere la reputation di un intero Paese.

Se in quella sede si respira un senso di raffinatezza italiana ma anche l'essere inseriti nel flusso delle dinamiche globali, è soprattutto per l'approccio garbato e insieme appassionato del Direttore di questa realtà che si offre a tutta la città di New York. Il terzo elemento dell'acronimo da cui siamo partiti è la G di Governance, e qui abbiamo registrato almeno due elementi molto positivi. La professoressa Mascia Ferrari e il full professor Kose John, della New York University (la seconda è Visiting da un quindicennio, per le ricerche che conduce fra le sponde dell'Atlantico), ci hanno fatto capire molte cose, ma soprattutto la diversa ragione di base, che, negli Stati Uniti, fa crescere una cultura della Sostenibilità, soprattutto a livello finanziario e di disclosure delle informazioni su un'azienda. Se da noi la Sostenibilità da molte aziende è "subita" come fonte di ulteriori normative e vincoli, negli Usa è "scelta" in vista del mercato. Se in Italia la Sostenibilità viene vista come rendicontazione "dovuta" per le fonti normative UE e nazionali, in America lo si fa per convincere investitori e anche i migliori talenti a scommettere su una certa azienda, che vede la trasparenza della propria situazione come elemento di valore da offrire, in una cultura positiva della disclosure (si pensi, in Italia, quanta ritrosia a rivelare il proprio assetto interno…).

Infine, un caso di Sostenibilità voluta e applicata non solo sul conto economico, ma anche sugli investimenti pluriennali e perfino sull'idea di competitività di un sistema: l'NBA, lo straordinario mondo del basket che ci è stato spiegato dall'interno da Matteo Zuretti, uno dei top manager dell'associazione dei giocatori (NBPA). La nostra domanda è stata: come fa uno sport in cui gli atleti vengono pagati in media 10 mln $ l'anno, e che in quello stesso arco temporale "muove" nel complesso 10 mld $, a restare sostenibile? E come evitare che nasca una rincorsa salariale continua al rialzo, e che le squadre più forti non diventino, come col calcio in Europa, sempre più forti? Si può se si accettano regole di autolimitazione decise fra giocatori e proprietari delle squadre, per cui ai giocatori vanno il 51% degli introiti (ma non di più), si fa un salary cap deciso dalle singole società e condiviso fra le superstar e gli altri giocatori, e con un sorteggio che dà le possibilità di prendere i migliori talenti che entrano nell'NBA facendo scegliere prima di tutto le squadre che nel campionato appena concluso sono arrivate agli ultimi posti.

Questa ultima linea guida non è benevolenza verso le squadre deboli, ma è dovuta alla volontà di avere una NBA il più possibile competitiva e con il successo aperto a tante squadre, magari di stati periferici come l'Oklahoma o la Lousiana.

Questo è in antitesi al modello del

calcio europeo, accentrato su poche squadre vincenti e situate nelle grandi città, come è in antitesi ad esso la cultura della concertazione che si autolimita negli investimenti in giocatori e grandi impianti, per evitare crack che in decenni passati si erano registrati. E anche qui, in controtendenza c'è una cultura della disclosure, prima alleata della Sostenibilità dei bilanci delle squadre e di una cultura che punta a una competitività sana (la logica di una priorità di scelta di cui dicevamo poco fa). Il basket che si gioca a New York, infine, può essere utilizzato come metafora per un ultimo aspetto. Senza mancare di rispetto alla squadra NBA che gioca a Brooklyn (i Nets), possiamo dire che i Knicks tornati grandi sono l'emblema di una squadra che ha una sola superstar (Jalen Brunson), ma vince lavorando duro e sudando tanto in difesa. New York è una città con tante stelle, ma "è nata sulle strade", come diceva il claim di un famoso film. New York è nata su una base fatta di violenza, ma ancor prima e ancor più su strade in cui si vede lavoro, tanta fatica, tanto lavoro.

Il gruppo di manager giunti a New York nell'ambito del TWIN Revolution Program organizzato da Federmanager Academy con il supporto di 4.Manager.

ISTRUZIONE

Standardizzazione vs mentalità sportiva

DI MICHAEL CASCIANELLI

Ha iniziato la sua carriera nell'istruzione internazionale dopo il diploma al liceo scientifico Galilei. Ha studiato musica all'estero e lavorato in scuole internazionali in Olanda, Scozia e Roma. Ha aperto una scuola bilingue a Pechino, diventando una IB World School. Ora guida La Scuola d'Italia Guglielmo Marconi di New York come CEO e Head of School.

Ogni studente merita un'educazione piena di esperienze autentiche che vadano a stimolare interessi. Questi interessi diventeranno sfide, condivisione di successi e sconfitte, volti ad un perfezionamento dei punti di forza individuali. Nel corso della mia esperienza tra culture e stili educativi molto distinti fra loro ho potuto osservare una linea comune che necessita analisi e riflessione da parte di educatori, genitori e giovani adulti, che apriranno le ali al mondo dell'università, del lavoro e la vita fuori dalle mura scolastiche. Partendo da questo ultimo gradino della fase scolastica, ogni anno studenti nell'ultimo anno di High School si preparano a essere valutati attraverso test come il Diploma di Maturità in Italia, Advanced Placement e SATs negli Stati Uniti, e Gaokao in Cina. Genericamente, questi esami si differenziano per complessità, rigore accademico, livello di memorizzazione richiesta per superare con successo l'esame e modo di presentazione dello stesso. La linea comune è l'impatto che un set di esami conclusivi potrà avere nella carriera post scuola del singolo studente. In Italia, il Diploma di Maturità nelle varie tipologie di Istituti e Licei andrà a conferire punteggi per accesso a specifiche facoltà. Negli Stati Uniti, il risultato di APs e SATs servirà per competere nella selezione di un college piuttosto che un altro. In Cina il Gaokao, assegna punteggi che indicheranno in quale facoltà e quale università si potrà continuare i propri studi. Queste tre grandi tradizioni scolastiche e società necessitano inevi-

"Newyorkese"

tabilmente di standardizzazione di punteggi per determinare parametri di selezione da parte di università o istituzioni che andranno a specializzare l'individuo in un settore specifico. Tuttavia, questo tipo di mentalità si riversa ahimè nel modello educativo che prepara questi studenti ad arrivare a questi esami. Durante i miei anni in Cina, ho avuto l'onore e la grande opportunità di poter aprire una scuola bilingue internazionale a Pechino durante un periodo di grandi incertezze socioeconomiche, sanitarie ed educative. Nello sviluppo di questa scuola ho potuto apprezzare la volontà dei genitori di poter dare qualsiasi tipo di spinta e opportunità ai propri figli a costo di sacrificare il proprio stile di vita. Per dare un esempio vivo, un buon numero di famiglie viveva in monolocali vicini alla scuola pur di iscrivere i propri figli e pagare rette pari a $35.000 annui. Similarmente, il grande rispetto dimostrato verso scuola e corpo docenti è sempre stato, durante i miei anni a Pechino, un aspetto di stupore positivo verso una cultura che crede nell'educazione come opportunità di cambiamento della propria vita. Questo atteggiamento, ovviamente, porta con sé anche degli aspetti meno positivi, traducibili in ansie da prestazione dei figli nei confronti delle famiglie. Non era raro vedere arrivare studenti, già nei primi anni di scuola primaria, con pressioni per prendere i voti migliori, mettendo in secondo piano il benessere psicofisico. Con lo stesso atteggiamento, nel conoscere tante famiglie interessate ad iscrivere studenti nella scuola primaria, i genitori domandavano già in quale facoltà la scuola avrebbe garantito l'accesso una volta completato il ciclo di scuola primaria e secondaria. Nel considerare apertamente un approccio standardizzato e proiettivo di educare, si evidenzia una competizione nella quale lo studente si identifica in relazione al risultato degli altri. Questo tipo di atteggiamento rischia purtroppo di limitare quella riflessione di crescita personale che poi andrà a fare la differenza per raggiungere traguardi individuali. Nel proporre un cambiamento educativo a famiglie con questo tipo di atteggiamento, ricordo vari incontri che organizzai con famiglie cinesi per fare uno shift da una mentalità standardizzata del primeggiare rispetto ad altri a una mentalità sportiva. Lo sportivo, in qualsiasi campo esso vada a primeggiare, è in continuo allenamento per migliorare sé stesso per una performance di squadra, come nel basket o nel calcio, oppure individuale, come nel tennis o nella scherma. Allo stesso modo, lo studente, incoraggiato e convinto nel voler migliorare se stesso all'interno di un campo di interesse, troverà soddisfazione nel vedersi crescere e migliorare ogni giorno, diventando resiliente nell'affrontare sfide che la vita porrà di fronte.

il Newyorkese

INTERVISTE

Mita Marra: l'Università di Napoli chiama New York

 DI **MARCO COSTANTE**

"Newyorkese"

Mita Marra, professoressa associata di Politica Economica all'Università Federico II di Napoli, sta lavorando per rafforzare i legami tra accademia e imprenditoria, specialmente nel Sud.

Con la Summer School organizzata in collaborazione con Cornell Tech e il supporto dell'Ambasciata USA in Italia, ha messo in collegamento alcuni ricercatori italiani con l'ecosistema imprenditoriale di New York, per potenziare competenze trasversali e sviluppare una cultura e una mentalità orientate all'innovazione. L'obiettivo è dotare il Mezzogiorno degli strumenti e del capitale umano necessari per affrontare le sfide attuali e future. Mita Marra è già al lavoro per la seconda edizione prevista per l'autunno 2024.

Si è appena conclusa qui a New York la Summer School "Bridging the Atlantic Pathways to Innovation and Entrepreneurship", un percorso di formazione teso a rafforzare la collaborazione tra il mondo della ricerca e le piccole e medie imprese del territorio campano. Come nasce questo progetto?
Il progetto nasce dalla ricerca sulle politiche di innovazione universitaria, oggetto di un seminario internazionale che ho organizzato l'anno scorso a New York in collaborazione con Cornell Tech e OCSE sull'analisi del ruolo dell'università negli ecosistemi imprenditoriali in Nord America e Nord Europa. In realtà, mi occupo di questo tema dal 2019. Con il libro "Connessioni virtuose. Come nasce (e cresce) un ecosistema dell'innovazione" ho esaminato le relazioni tra imprese, territorio e università esaminando l'offerta formativa che Federico II ha sviluppato in partnership con le multinazionali tecnologiche e industriali, come Apple, Cisco, Deloitte, Leonardo, Ferrovie dello Stato, KPGM, Medtronic.

"Attualmente, la sfida consiste nel favorire una cultura dell'innovazione tra le PMI per accelerare la transizione digitale e green."

Per questo motivo, ho ideato un progetto di formazione transdisciplinare, finanziato con 50mila dollari dall'Ambasciata americana di Roma nel 2023. Nove ricercatori emergenti — dottorandi e studenti magistrali in ingegneria industriale, chimica e innovazione sociale

— e più di sessanta imprenditori dell'aerospazio, dell'elettronica, dell'agroalimentare e della cultura hanno partecipato ad un percorso di formazione itinerante. Da gennaio 2024, siamo partiti con quattro laboratori tematici, dal Polo tecnologico di San Giovanni, nella periferia est di Napoli, per fare tappa a Cava de' Tirreni, ad Altavilla Irpina e a Caggiano nel Vallo del Diano, per approdare a New York, a fine giugno con l'obiettivo di ascoltare le esigenze del territorio e collegare gli ecosistemi imprenditoriali locali con realtà socioeconomiche più avanzate come l'ecosistema di New York.

Quello italiano e quello americano sono sistemi molto diversi. Che valore assume l'educazione universitaria qui in America e cosa possiamo e imparare dal loro mondo accademico?
La formazione italiana è sempre stata valida per le conoscenze di base che offre, tant'è che i nostri ricercatori sono molto apprezzati all'estero. Io stessa, completando master e PhD negli USA, ho verificato la differenza nell'approccio. Ciò che manca ancora in Italia è la capacità di applicare le teorie ai contesti produttivi, sviluppando una visione politica e di investimento a lungo termine. I nostri studenti spesso si trovano disorientati nel mondo del lavoro, ove occorre interpretare situazioni complesse e sperimentare soluzioni in condizioni di incertezza. Il che è evidente proprio nella relazione tra ricercatori e imprese. Una recentissima analisi che ho condotto sulle aziende campane rileva che esse preferiscono rivolgersi a consulenti per acquisire nuove conoscenze perché manca una cultura della cooperazione con l'università. E il mio progetto propone un'educazione imprenditoriale, finalizzata non solo alla creazione di nuove imprese.

L'Università non deve quindi essere solo un incubatore di start-up...
Non tutti i ricercatori devono diventare startupper ma acquisire una mentalità aperta ad esplorare problemi complessi e multidimensionali per soddisfare bisogni tramite progetti di ricerca con potenziale impatto sociale. Il che è cruciale nei corsi di dottorato, che non prevedono ancora una formazione transdisciplinare centrata sull'imprenditorialità e sull'analisi dell'impatto sociale. Nei corsi di laurea magistrale — come quello di innovazione sociale dove insegno — abbiamo migliorato l'interazione con gli attori del territorio, ma l'ascolto e l'interazione con imprese e organizzazioni non profit richiedono un lavoro continuo, paziente e condiviso; l'obiettivo non è solo soddisfare i loro bisogni, ma co-creare nuova conoscenza.

Come state rafforzando i rapporti con gli States in quest'ottica?
L'Università Federico II ha una sede a New York presso l'Italian Academic Center, nel campus di Cornell Tech, insieme a Sapienza e Bologna, una sede non ancora appieno sfruttata a causa della pandemia. Il primo evento di Federico II a Cornell Tech è stato proprio l'anno scorso, con il meeting di esperti organizzato sugli ecosistemi imprenditoriali. In futuro, occorre sviluppare una relazione stabile con Cornell Tech. Un nuovo evento è programmato per ottobre e coinvolgerà anche altri colleghi dell'Ateneo.

Parliamo della Campania, territorio ricco di piccole e medie imprese che si rafforzano sempre di più, che crescono e rappresentano una parte rilevante del tessuto economico e sociale dell'Italia. Cosa hanno portato di diverso gli imprenditori campani in un'esperienza del genere e quale valore può restituire questa esperienza agli imprenditori campani? Perché proprio la Campania e perché la commissione?
I laboratori sono stati un luogo di confronto ove dare voce alle esigenze delle PMI che soffrono la carenza di lavoratori qualificati e il palpabile spopolamento dei comuni dell'eco- regione appenninica, in cui gli effetti avversi del cambiamento climatico incidono sulle produzioni agroalimentari. Ma i laboratori sono stati anche l'occasione per riconoscere e valorizzare risorse naturali, produttive e culturali ancora poco sfruttate che potrebbero attrarre nuovi residenti e visitatori se connesse a realtà socioeconomiche più dinamiche. I casi presentati dagli esperti coinvolti nei laboratori hanno messo in luce i vantaggi derivanti dall'economia dello spazio, le soluzioni agri-tech per un'agricoltura sostenibile, l'adozione di strumentazioni digitali nell'arte e nella cultura.

New York può essere una risposta?

"Con la scuola estiva, abbiamo tessuto una fitta rete di contatti nella dinamica realtà newyorkese per sperimentare innovazioni e collegare i tanti Italici attivi in Nord America."

Ad esempio, ad Altavilla Irpina i produttori di vino ci avevano richiesto innovazioni tecnologiche e sociali per migliorare la redditività delle produzioni viticole e contrastare lo spopolamento. Il progetto "Borghi delle denominazioni" è diventato il project work della nostra summer school: i partecipanti hanno progettato soluzioni digitali e biotecnologiche per monitorare lo stress idrico delle viti e permettere l'irrigazione dei terreni in pendenza. Parallelamente, i partecipanti hanno esaminato le possibili risposte sociali all'introduzione della tecnologia, immaginando servizi commerciali e misure di politica pubblica per incrementare il turismo culturale e la formazione tecnica dei giovani e degli adulti in un orizzonte temporale più esteso.

Come si affronta tutta questa complessità?
È necessario sviluppare soluzioni integrate che affrontino criticità produttive, sociali ed economiche. Spesso si sottovaluta l'importanza di un approccio integrato. Non si tratta solo di iniettare tecnologia, ma di promuovere un profondo cambiamento culturale. Le tecnologie rischiano di fallire se favoriscono la creazione di capitale umano qualificato che facilmente può essere assorbito in mercati del lavoro più competitivi, privando le aree meno dinamiche dei vantaggi attesi dagli investimenti in formazione.

Ci sembra comunque l'esperienza newyorkese di questo progetto, concluso da pochissimo, sia andata bene, quali sono allora i progetti futuri?
L'esperienza è andata benissimo, al di là delle aspettative! Ora è il momento di riflettere su quali lezioni possiamo trarre dall'approccio non tradizionale sperimentato.
Dobbiamo approfondire gli spunti g-local emersi nell'interazione con gli ecosistemi campani e con le imprese e i ricercatori italiani a New York per progettare una seconda edizione. Quanto alla rete delle università americane, la collaborazione è di lunga durata con i colleghi che hanno preso parte alla summer school.

"L'obiettivo è di contribuire a consolidare le relazioni istituzionali tra Federico II, Cornell Tech e le altre università coinvolte nel progetto."

A un'ottima seconda edizione, quindi!

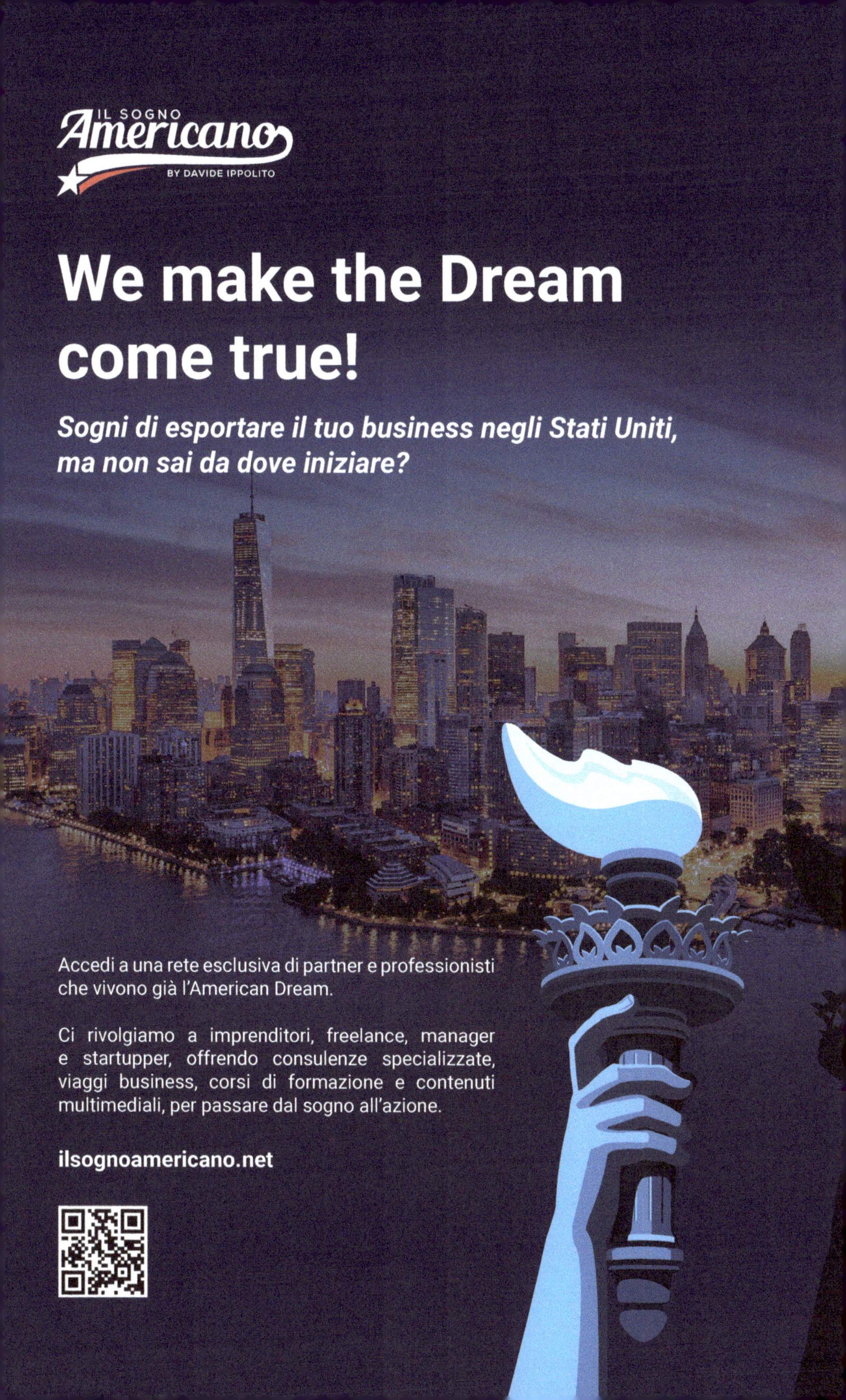

We make the Dream come true!

Sogni di esportare il tuo business negli Stati Uniti, ma non sai da dove iniziare?

Accedi a una rete esclusiva di partner e professionisti che vivono già l'American Dream.

Ci rivolgiamo a imprenditori, freelance, manager e startupper, offrendo consulenze specializzate, viaggi business, corsi di formazione e contenuti multimediali, per passare dal sogno all'azione.

ilsognoamericano.net

il Newyorkese

INTERVISTE

La *Dott.ssa Fabiana Gregucci* si racconta tra ricerca universitaria e medicina oncologica

DI FRANCESCO CAROLI

"Newyòrkese"

La Dottoressa Fabiana Gregucci è una ricercatrice universitaria e direttrice amministrativa italiana specializzata in oncologia. Attualmente in carica presso il Weill Cornell Medicine di New York, la Dottoressa, in questa intervista, ci racconta come il suo "sogno americano" sia iniziato molto prima di arrivare fisicamente negli Stati Uniti. Fin da piccola, l'amore per lo studio e la lettura l'ha spinta verso le scienze umane e biologiche. Oggi, negli Stati Uniti, continua a crescere professionalmente, apprezzando le differenze culturali e le opportunità offerte dal sistema americano.

Dottoressa Gregucci, come è iniziato il suo "sogno americano"?
Questa domanda mi fa sorridere, e mi porterebbe a rispondere con un'altra domanda: cos'è il "sogno americano"? È l'insieme di successi (poco rilevanti) e delusioni (fortemente motivanti). Il mio sogno americano inizia da piccolissima, come studente alle prese con i primi anni scolastici che mi hanno da subito regalato l'amore per lo studio, la lettura, il sapere. Nel tempo è poi cresciuta la mia immensa passione per le scienze umane e biologiche e mi sono ritrovata rapita nel mondo delle biografie dei grandi scienziati italiani. Ricordo quando a 11 anni ho letto per la prima volta "Elogio dell'imperfezione" di Rita Levi-Montalcini. Sicuramente non ero abbastanza matura per comprenderlo pienamente, ma ero abbastanza sognatrice e determinata per credere che ognuno di noi ha uno scopo nella vita. Così è nato il mio "sogno americano", molto prima di arrivare fisicamente negli Stati Uniti, ed in particolare a NY. Il mio "sogno americano" è l'amore autentico per la ricerca, è la promessa che rinnovo ogni giorno con me stessa di perseverare, perseguire e mantenere vivi quelli che sono i miei ideali di conoscenza e crescita, personale e professionale.

Cosa l'ha spinta a intraprendere la carriera di medicina e di specializzarsi nel campo dell'oncologia?
Nulla e nessuno. È stato un crescendo di consapevolezza che la mia innata passione era ed è tuttora lo studio della medicina nella sua meravigliosa complessità. Spesso mi imbatto bruscamente con lo stereotipo del medico inteso come "professionista che guarisce il malato". Si può guarire o non guarire una malattia, che è comunque un processo naturale della vita e dell'evoluzione dell'essere umano. Ma quello che sicuramente si può fare è avere cura della persona, evitandone l'identificazione attraverso la sua malattia. Il mio essere "physician-scientist" si esprime nel mettere a disposizione del prossimo le conoscenze che ho acquisito e sviluppato nel mio percorso di stu-

di e che continuo ad arricchire, e allo stesso tempo di dedicare il mio tempo ed impegno nel cercare di produrre e diffondere conoscenza.

Quali differenze culturali e lavorative ha notato tra i due paesi, specialmente nel campo della ricerca e della pratica medica?
Sono dei sistemi talmente diversi da non essere paragonabili, ancor di più nella sfera della ricerca e dell'assistenza medica. Spesso discuto con colleghi italiani che banalmente tagliano corto sulla diversificazione del sistema sanitario statunitense con un banale "il sistema è privato, tutto funziona diversamente, peccato per chi la sanità privata non può permettersela". Questo è un esempio di visione stereotipata del modello americano. D'altra parte, devo dire che mi capita raramente di discutere con i miei colleghi statunitensi del sistema sanitario italiano. In generale, gli americani apprezzano molto la nostra cultura, la nostra preparazione, la nostra capacità multitasking e problem-solving, e piuttosto cercano un modo per farci restare. Del resto, chi è quello stolto che ha una grande risorsa in casa e se la lascia sfuggire?

In America si investe molto nella ricerca scientifica, nella tecnologia – soprattutto in ambito medico – e nelle giovani menti. Da quando è arrivata in America ha notato differenze su questo, rispetto all'Italia?
La principale differenza che ho notato è la possibilità di fare carriera che il sistema organizzativo americano offre. Oltre alle competenze scientifiche specifiche, è importante sviluppare abilità trasversali come la gestione dei progetti, la scrittura scientifica e la comunicazione. Gli Stati Uniti valorizzano molto l'innovazione e l'imprenditorialità, quindi essere proattivi nel proporre nuove idee e progetti può portare a grandi opportunità di crescita.

Cosa le ha dato l'America in questi anni?
L'America mi ha dato la possibilità di scoprirmi "scienziato" e di imparare molto di più di quello che mi aspettavo, di mettermi in discussione ogni giorno. Allo stesso tempo però l'America non mi ha solo dato, ma mi ha anche tolto alcune cose, soprattutto a livello affettivo. Mi ha portato via la vicinanza di alcune persone che ritenevo amiche, la tranquillità di poter visitare i miei familiari con frequenza e nei momenti di bisogno. Mi ha portato via la perfetta gestione grammaticale e lessicale della mia lingua nativa. Ogni tanto penso "almeno prima una lingua la conoscevo bene, adesso ne conosco 2-3 (italiano, americano e un po' di spagnolo), ma male o malissimo". Insomma, storie di un'ordinaria expat, con le sue luci e ombre.

Attualmente lavora come Ricercatore Universitario e Direttore Amministrativo al Weill Cornell Medicine di New York. Di cosa si occupa esattamente e qual è la sfida più importante del momento per lei?

In questo momento della mia carriera professionale ho il privilegio di poter dedicare tutta la mia completa attenzione alla ricerca clinica e traslazionale. Mi occupo dello sviluppo di nuovi studi e protocolli di trattamento in ambito oncologico, così come della raccolta ed analisi dei dati di trials avviati in passato e che oggi sono abbastanza maturi da permetterci di ricavarne risultati che possono cambiare il corso dell'oncologia. Del resto, il motto di Weill Cornell Medicine è "We're Changing Medicine". Professionalmente parlando, la sfida più importante che sto affrontando è scoprire me stessa sotto un profilo manageriale di altissimo livello, attraverso la leadership amministrativa di un cospicuo grant finanziato dal National Institutes of Health/National Cancer Institute, denominato ROBIN.

Ci parli del progetto ROBIN.

Come accennato ROBIN, che sta per "Radiation Oncology-Biology Integration Network", è un esteso progetto di ricerca che mette insieme numerosi e prestigiosi gruppi di lavoro con lo scopo di migliorare il trattamento radioterapico, non attraverso lo sviluppo di una tecnica/tecnologia ma attraverso lo sviluppo di una conoscenza su cosa accade e come funzionano le cellule quando esposte alle radiazioni. La maggior parte della ricerca in radiobiologia è stata fatta su cellule in laboratorio o in modelli preclinici, con pochissimi dati raccolti da tumori umani. Questo ha creato una situazione in cui la precisione tecnica è migliorata, ma la comprensione di come tumori e tessuti normali rispondono alle radiazioni nel tempo è rimasta indietro. Ecco! ROBIN cerca di fare tutto questo e molto di più. Infatti, un'altra componente importante del programma, non è solo quella di creare conoscenza, ma di far nascere professionisti che possano diffonderla nel mondo. All'interno di ROBIN, in questo momento, collaborano più di 100 scienziati.

Ha dei consigli per altri giovani ricercatori ed aspiranti medici che vorrebbero realizzare il proprio sogno americano?

Potrebbe sembrare un consiglio banale, ma quello che posso suggerire è di non arrendersi mai, di credere sempre in sé stessi, di sognare in grande, di guardare all'obiettivo ma allo stesso tempo di gioire del percorso. Guardate alle difficoltà ed ai fallimenti come opportunità per immaginare e attuare soluzioni a cui non avevate pensato prima.

*il*Newyorkese

INTERVISTE

Umberto Lobina: dal globale al locale e viceversa

 DI **MATTIA PANICO**

il Newyorkese

Quella di Umberto Lobina è la storia di un ragazzo napoletano che ha saputo costruirsi successo dando subito respiro internazionale alla sua crescita personale e professionale. Consulente tra i più affermati a New York in una delle Big Three del consulting manageriale, come tanti italiani in America, non ha dimenticato il luogo da cui è partito e il bagaglio di esperienze che gli ha dato. Così, con l'associazione 081, è ora impegnato a restituire valore globale alla città da cui è partito. In una chiacchierata piena di spunti, ci ha parlato del percorso che lo ha portato nella Grande Mela e del suo impegno per lo sviluppo socio-economico e sociale del territorio partenopeo.

Ciao Umberto, inizierei dal racconto del tuo "romanzo di formazione". Qual è il tuo background e qual è stato il tuo percorso di studi?
Sono nato a Benevento, ma ho trascorso tutta la mia infanzia e adolescenza a Napoli, frequentando il liceo scientifico Mercalli. E sin da giovane ho avuto un forte interesse per il mondo del business. Finito il liceo mi sono spostato a Milano e ho iniziato gli studi presso l'Università Bocconi, dove ho avuto la possibilità di fare un percorso di studi anche all'estero, ad Hong Kong, lavorando per una società che faceva trading di gioielleria, producendo per brand come Calvin Klein e Guess. L'Università mi ha fornito un bagaglio culturale che ho deciso di perfezionare a Londra con un master alla London Business School. Finita la London Business School, sono entrato nel mondo della consulenza aziendale e lì ho iniziato a supportare aziende in diversi ambiti.

Come è arrivato e come è stato il primo contatto con New York?
Al termine dei primi due anni di lavoro, la mia azienda mi ha chiesto di fare una scelta: o seguire e prendere un altro master, o intraprendere un percorso presso un ufficio estero. Io ho scelto la seconda strada, ho iniziato la mia application presso un altro ufficio e sono stato preso. È così che ho deciso di spostarmi per un anno a New York. L'obiettivo era quello di rientrare, ma sono rimasto incantato e stregato da New York e dall'America, così ho deciso di restare. All'inizio non è stato affatto facile perché a partire siamo stati in cinque. Sono però l'unico ad essere rimasto: il percorso era molto selettivo.

Per formazione, hai avuto a che fare a lungo con il mindset europeo. Quali sono le differenze in termini di mentalità e di competitività professionale che hai trovato arrivando a New York?
Devo dire che l'Europa e l'Italia hanno un livello di formazione e

il Newyorkese

professionalità molto elevato, parlo quindi sia delle università europee che delle società europee. L'istruzione e la formazione che ho avuto in Bocconi sono nettamente superiori a quello che può offrire un'università americana. E questo lo vedo confrontandomi con chi ha studiato in America. Ma gli americani hanno una propensione al rischio, all'investimento, a testare nuove tecnologie e soluzioni in qualunque campo. Sono molto più disposti a innovare, rischiare e investire per provare a ottenere di più di quello che hanno oggi. È un qualcosa che invece in Europa non accade con la stessa velocità. E questo mindest genera il flusso innovativo a cui abbiamo assistito. Ad oggi l'innovazione viene tutta dall'America: la televisione che guardiamo è tutta americana; i social media sono tutti americani, l'avanguardia delle auto possiamo è a stelle e strisce. Se guardiamo anche all'hospitality, per quanto noi siamo dei maestri in quel settore, le grandi catene alberghiere sono spesso americane, la più grande app per prenotazione case è americana. L'innovazione oggi si concentra qui, proprio per una questione di mentalità, di supporto alle aziende, e porta l'intero Paese ad avere un vantaggio in determinati settori. L'unica vera differenza è tutta in questo approccio, in questa propensione al rischio.

Ci racconti come sei arrivato all'associazione 081 Stand For Naples, collegando la tua professionalità a Napoli, città che hai lasciato giovanissimo, a soli 17 anni?
Come ormai tanti altri faccio parte di questo progetto nato da quel senso di rimorso e pentimento per aver lasciato la nostra città, che pure ci aveva dato tanto. Perché, quando vai via da una città come Napoli, quando parti dall'Italia, ti rendi conto del patrimonio non replicabile. È un posto nel quale crescere ti dà veramente quel quid in più. L'idea è nata proprio in America, quando mi sono reso conto, leggendo un giornale, che uno tra i CEO più pagati negli Stati Uniti d'America, Fabrizio Treta, è napoletano non solo di discendenza, ma è proprio nato e cresciuto nella città partenopea, studiando alla Federico II. Eppure, a Napoli nessuno conosce Fabrizio Treta, che è quasi paradossalmente nel board della Georgetown University ma non in quello della Federico II. Una persona del genere dovrebbe essere connessa con la città e trasferire la sua competenza supportando le aziende locali. Ed è così che, io e gli altri fondatori dell'associazione, ci siamo guardati tutti quanti negli occhi e ci siamo promessi di invertire il trend, evitando che tra vent'anni ci siano magari 30 perdite gigantesche come Fabrizio per il territorio. Abbiamo così inizia-

to a focalizzarci su Napoli partendo da azioni piccole per lo sviluppo socio-economico della città.

Come state procedendo? Da quali azioni siete partiti?
Abbiamo innanzitutto unito 100 ragazzi napoletani fuorisede, non solo all'estero ma anche nel resto d'Italia: ragazzi da Roma, Milano, Londra, New York, Dubai, Hong Kong, Parigi. Sono in giro per il mondo ma, due volte all'anno, si impegnano a rientrare in città in estate e a Natale, per fare fundraising. Dopo l'evento, annunciamo e lanciamo una nuova iniziativa per lo sviluppo della città. Da quando siamo nati, meno di due anni fa, abbiamo lanciato una Startup Challenge, che ha riunito e ha fatto confrontare tutte le startup napoletane con una giuria di investitori e imprenditori locali, mettendo a disposizione della vincente un premio in denaro tra i 5 e i 10 mila euro a fondo perduto ed un percorso di mentoring al team interno. Ma abbiamo anche realizzato una visita guidata virtuale della città di Napoli che permette ai turisti di scannerizzare un QR code e avere accesso a contenuti per capire e conoscere meglio i luoghi più significativi. Un servizio gratuito per chi visita la città, affinché ne rimanga ancora più colpito, con la voglia di tornare a Napoli e consigliarla. Abbiamo ripulito anche la spiaggia del lungomare, un intervento che ha coinvolto anche la raccolta di rifiuti dai fondali con l'intervento di 20 sub, e che abbiamo finanziato noi in prima persona.

E i prossimi progetti invece quali sono per 081?
Sono in arrivo due nuove iniziative in cui crediamo molto: innanzitutto vogliamo replicare il format della startup challenge. Vogliamo agevolare l'emulazione di casi come quello di Caffè Borbone, un'azienda che negli ultimi anni ha avuto un'espansione notevole. E poi l'ultima iniziativa è quella di proseguire la global campaign di 081, portando i nostri eventi non solo a Napoli ma in tutto il mondo: ci siamo visti a New York, ci vedremo a Londra, a Parigi, a Dubai. L'idea è quella poi di rivedersi a Napoli, raccontare lo stato dell'arte di quello che sono i napoletani del mondo e strutturare l'azione che avrà più impatto in assoluto. Ovvero collegare questi napoletani con aziende locali. C'è l'esportatore di vino napoletano che vive a New York e globalizza cantine vinicole in tutto il mondo? Lo collegheremo con la cantina vinicola napoletana per far sì che questa possa, da un lato, acquisire best practice e informazioni utili, in modo poi da produrre un vino che sia rispettoso della tradizione ma anche attrattivo per il mondo. Dall'altro, questa azienda dovrà essere aiutata ad espandersi portando i talenti globali a Napoli.

DAL PARLAMENTO

Rafforzamento dei servizi Consolari e sfide per gli italiani all'estero

DI **ON. CHRISTIAN DI SANZO**

Deputato della Repubblica Italiana eletto nella Circoscrizione Estero per l'America Settentrionale e Centrale, ha studiato negli Stati Uniti a UCLA, MIT e ha conseguito un Ph.D. in Ingegneria Nucleare a UC Berkeley. Ha lavorato per McKinsey&Co. a Houston ed è stato Presidente del Com.It.Es. di Houston.

Come promesso nello scorso numero de ilNewyorkese, **come Deputato della Repubblica Italiana eletto in Nord e Centro America**, informerò regolarmente la comunità italiana di New York e del Nord e Centro America su queste pagine sul lavoro che sto svolgendo in Parlamento per gli italiani all'estero e per le politiche del nostro paese. Dall'ultimo numero, vi sono state diverse novità legislative che hanno riguardato gli italiani all'estero. La più importante è stata senz'altro l'approvazione a luglio alla Camera dei Deputati, della **proposta di legge** dei Deputati del Partito Democratico **volta al rafforzamento dei servizi consolari in favore dei cittadini italiani residenti all'estero** della quale **sono stato autore fin dall'inizio**. Grazie al lavoro degli ultimi mesi, la proposta ha trovato un appoggio bipartisan che ha portato alla **sua approvazione all'unanimità da parte della Camera** - un grande risultato per tutti gli italiani nel mondo. La proposta rappresenta infatti una piccola rivoluzione per i servizi consolari: prevede che ogni anno siano distribuiti ai Consolati **4 milioni di euro per il miglioramento ed efficienza dei servizi consolari**; fondi che andranno direttamente alle singole sedi consolari e che potranno essere utilizzati per scelte di efficientamento a discrezione delle sedi consolari stesse. La proposta è anche rivoluzionaria perché introduce un fattore di premialità ed efficienza nella pubblica amministrazione: prevede infatti che i fondi siano dedicati

DAL PARLAMENTO

al miglioramento dei servizi e siano distribuiti in proporzione al numero di passaporti erogati, quindi le sedi che meglio operano, potranno gestire una quantità maggiore di fondi in autonomia; in questo modo va ad alimentarsi un ciclo virtuoso dove i cittadini potranno esprimere le proprie esigenze e i Consolati avranno a disposizione risorse da investire per venire incontro alle esigenze della comunità sui servizi consolari. La proposta richiede, inoltre, la pubblicazione sul sito web del Ministero degli Affari Esteri dell'uso dei fondi, proprio per trasparenza nei confronti dei cittadini. È la prima volta che una proposta di aumento dei fondi e di efficienza dei servizi consolari viene approvata in modo organico attraverso legge ordinaria, e non attraverso qualche emendamento nella legge di bilancio; se pensiamo infatti agli sforzi che facciamo ogni anno per ottenere piccoli miglioramenti in legge di bilancio, aver ottenuto 4 milioni di fondi fuori bilancio è davvero un grandissimo successo. Sono molto orgoglioso di questo risultato, ottenuto grazie al lavoro di mesi in Parlamento per **sensibilizzare i colleghi sui temi degli Italiani all'estero**. Adesso per l'approvazione finale manca solo il passaggio in Senato, ma sono fiducioso che anche il Senato la approverà in tempi rapidi. A luglio, è anche iniziata in Commissione la discussione della mia proposta di legge per l'**assistenza sanitaria agli italiani iscritti all'AIRE**. Oggi chi si iscrive all'AIRE perde infatti l'assistenza sanitaria (tranne nei casi di emergenza), lo scopo è quindi trovare modalità per permettere di mantenere l'assistenza. Siamo appena alle prime fasi e ci aspettano alcuni mesi di discussione nei quali spero che riusciremo a trovare una soluzione condivisa. A giugno, il Parlamento ha inoltre approvato **la legge per l'Autonomia Differenziata**, una legge che ritengo ingiusta, e che toglierà risorse economiche alle regioni del Sud. Proprio per questo sono intervenuto durante in Parlamento per sottolineare il pericolo di questa legge e la linea confusa del governo; con il Partito Democratico, stiamo adesso promuovendo un referendum per abrogare questa legge.

La proposta di referendum deve raggiungere le 500.000 firme per essere posta al voto, e anche **gli italiani all'estero possono firmare per il referendum** attraverso il sito del Ministero della Giustizia. Da settembre, riprenderemo la discussione su provvedimenti importanti per gli italiani all'estero, dall'assistenza sanitaria all'esenzione dell'IMU sulla prima casa in Italia. Non mancherò quindi di tenervi aggiornati sul mio lavoro nei prossimi numeri de ilNewyorkese.

il Newyorkese

INTERVISTE

Spazi oltre i confini: il viaggio di *Michele Busiri Vici*

 DI **ELIDE VINCENTI**

"Newyòrkese

Michele Busiri Vici, romano di nascita, è un architetto italiano che porta avanti una tradizione familiare di oltre 400 anni. Laureatosi in architettura alla Sapienza nel 1995, si trasferisce a New York poco dopo dove fonda lo studio Space4Architecture che realizza progetti significativi nel panorama urbano della Grande Mela. Dopo essere stato professore alla Columbia University, attualmente insegna alla Parsons School of Design, dove ispira e forma le nuove generazioni di architetti e designer. Trasferirsi in America ha segnato una svolta nella sua carriera. New York, con la sua energia vibrante, gli ha offerto infinite possibilità creative e ha arricchito la sua visione professionale e personale. Lo abbiamo intervistato per IlNewyorkese.

Michele, raccontaci com'è stato il passaggio da una famiglia che vanta una lunga tradizione nel panorama dell'architettura italiana, alla tua attuale carriera negli Stati Uniti, specialmente in una città sfidante come New York?
Vengo da una famiglia radicata nel mondo dell'architettura, una tradizione che si tramanda dal XVII secolo. Crescere immerso in questo mondo ha lasciato un'impronta profonda su di me, ma la mia decisione di trasferirmi negli Stati Uniti non è stata una scelta obbligata. Era un desiderio ardente di libertà personale, una ricerca di me stesso al di là delle aspettative familiari. Sentivo il bisogno di esplorare nuovi orizzonti, di trovare la mia strada. Quando ho lasciato Roma, non avevo pianificato di vivere per sempre oltreoceano. Sembrava un'avventura coraggiosa, ma era soprattutto la voglia di vivere un'esperienza che mi arricchisse. Mi ero concesso un anno, poi ho avuto l'opportunità di prolungare la mia permanenza di altri due anni nello studio in cui lavoravo, e alla fine, quasi senza rendermene conto, New York è diventata la mia casa. La mia vera vita da adulto è iniziata qui, a 28 anni, negli Stati Uniti. In questa città ho trovato la mia libertà espressiva. Questa volontà di cercare il mio percorso è stato il mio vero motore. Era il desiderio profondo di scoprire chi fossi davvero, oltre le aspettative e i confini di una tradizione secolare.

Ed è stato proprio dalla tua esperienza newyorkese che è nato Space4Architecture...
Ho sempre sognato di avere un mio studio. Nel 1999, insieme a dei colleghi architetti con cui collaboravo già da tempo, abbiamo fondato il nostro studio a New York, Space4Architecture. Il nome rifletteva il nostro legame profondo con lo spazio, la nostra dedizione

all'architettura e anche il fatto che fossimo in quattro all'inizio. Abbiamo avuto la fortuna di ottenere subito alcuni progetti importanti, che ci hanno permesso di trasformare il nostro sogno in realtà: non solo uno studio, ma un vero e proprio laboratorio di idee dove poter sperimentare e metterci alla prova. Credo che questo aspetto me lo abbia insegnato proprio New York, una città in cui nulla viene totalmente distrutto ma reinventato. Col tempo, l'avventura di Space4Architecture è diventata qualcosa di più grande di quanto avessi mai immaginato, un viaggio condiviso con persone a me care, sebbene i miei soci di un tempo abbiano poi seguito altre strade.

Oggi io e mia moglie, Clementina Ruggeri, siamo i titolari e condividiamo una missione di cui sono profondamente orgoglioso e in cui Space4Architecture è un luogo in cui la creazione di spazi abitativi, come simboli di linearità e creatività, sono al centro del nostro approccio. Ogni progetto è un'opportunità per dare vita ad ambienti che non solo soddisfino le esigenze dei nostri clienti, ma che migliorino la qualità della vita nella comunità circostante. Questo è il nostro obiettivo: dare forma a luoghi che abbiano un significato, che siano non soltanto belli da vedere e piacevoli da vivere, ma che possano fare la differenza per le persone che li vivono.

In che modo New York ha influenzato la tua carriera di architetto e in che modo ti ha ispirato?
Quando ho iniziato la mia carriera, l'architettura in Europa era un terreno fertile di sperimentazione e teoria. Questo mi affascinava, ma sentivo il bisogno di qualcosa di più pratico e immediato. Trasferirmi a New York è stato un passo decisivo per me. Volevo immergermi in un contesto diverso e trovare la mia voce unica. New York è una città incredibilmente vivace e una libertà che ti permette di esplorare e sperimentare. Questa città mi ha insegnato a integrare concetti di democrazia e inclusione nei miei progetti. La diversità palpabile in ogni angolo e la sua energia contagiosa. Questo mi ha spinto a sfidare me stesso in modi nuovi e sorprendenti, non solo come architetto, ma anche come persona. Passeggiare per le strade di New York e osservare la vita che si svolge a ogni angolo, mi ha fatto apprezzare la bellezza della spontaneità e dell'imprevisto. New York è una sinfonia di luci e ombre che si uniscono nel labirinto di grattacieli e vicoli. Per me è più di una semplice città: è uno stato d'animo. Una delle caratteristiche che trovo più affascinanti, è la sua struttura architettonica a griglia, che spesso lascia spazi indefiniti

o incompiuti. Questi "vuoti urbani" sono una fonte di ispirazione per me, poiché rappresentano opportunità inesplorate e invitano a scoprire nuovi orizzonti da reinventare. Sono stati proprio questi vuoti urbani, ad esempio, a spingerci a partecipare al concorso"Bold Ideas for Small Lots", che richiedeva di riempire gli spazi vuoti tra gli edifici, troppo stretti per costruire altri grattacieli.

La nostra proposta è stata quella di trasformare questi piccoli lotti in parchi urbani verticali, fatti di rampe verdi e piante, creando ambienti vivaci e accessibili a tutti. Questi parchi utopici avrebbero fatto da riferimento tra le unità residenziali a prezzi accessibili e quelle più private, incoraggiando l'interazione tra vicini e residenti, ma anche offrendo spazi pubblici dinamici e vitali. È proprio questa la magia di New York, una città dove le sfide si trasformano in occasioni e ogni angolo racconta una storia unica. Mi sento fortunato a far parte di questa narrazione.

Hai menzionato la tua volontà di offrire degli spazi utili per la comunità. Puoi fornire qualche esempio di come hai integrato dei progetti sociali nel tuo lavoro?
Sin dall'inizio della mia carriera, ho sempre creduto nel potere dell'architettura di influenzare positivamente la comunità. Space-4Architecture ha avuto molti progetti, nell'ambito dei vari concorsi organizzati, volti alla costruzione di scuole e musei, con l'obiettivo di creare spazi pubblici accessibili e arricchire la vita cittadina.

Recentemente, attraverso l'importante progettazione di una torre di ventisette piani nel Lower East Side di Manhattan in cui avevamo l'obiettivo di creare delle aree verdi comuni tra le abitazioni private, abbiamo avuto l'opportunità di entrare a far parte di Design Advocates (AD). Design Advocates è un collettivo di progettisti, architetti e designer fondato nel 2020 a New York, la cui missione è utilizzare il design come strumento per rispondere alle sfide sociali, economiche e ambientali, con un focus particolare sulle comunità svantaggiate. Il collettivo lavora su progetti di impatto sociale, spesso collaborando con organizzazioni no-profit, piccole imprese e altre entità che necessitano di supporto progettuale ma che potrebbero non avere le risorse per accedere ai servizi di design tradizionali. Sono profondamente convinto che l'architettura non sia solo costruzione ma anche un modo per restituire qualcosa alla comunità, migliorando la qualità della vita e promuovendo l'inclusione sociale attraverso il design.

"Newyorkese

ORIENTARSI NELL'IMMOBILIARE DI NEW YORK

Casa a New York?
Il sogno di tanti italiani

DI **ALEX CARINI**

35 anni, originario di Fidenza, è un esempio di successo nel perseguire il sogno americano. Dopo essersi laureato all'Università di Boston e, successivamente, a quella di Milano, è tornato negli Stati Uniti, dove ha fondato il Carini Group, un'imponente azienda nel settore del brokeraggio immobiliare, nata nel 2017 a New York e successivamente espansa a Miami e Los Angeles.

Comprare una casa nella Grande Mela. È il sogno di tanti in tutto il mondo, ma soprattutto tanti Italiani. New York è infatti, secondo i sondaggi, la città estera più amata dagli Italiani.

E allora vediamo un po' che cosa serve per realizzare questo sogno. Anzitutto, no, non bisogna essere cittadini americani. Anzi, non serve nemmeno un visto per comprare un immobile in America - o a New York nel caso specifico. Dall'altro lato, un acquisto immobiliare non vi darà la possibilità di ottenere alcun visto, fatto salvo alcune eccezioni - vedi programma EB5, ma questo ha a che fare con progetti qualificati in zone disagiate, e merita discorso a parte.

L'unico ingrediente necessario è la disponibilità liquida per finanziare l'investimento. Generalmente si può partire già con un budget intorno ai 500.000 euro fino ad arrivare ad acquisti multi milionari. Come prezzo al metro quadrato siamo non troppo distanti dai valori delle principali città italiane, come Roma e Milano, e si può comprare intorno ai 10.000 euro al metro quadro. Leggermento più complicato invece il discorso mutuo, in quanto chi non ha entrate negli Stati Uniti è difficilmente qualificabile dalle banche locali. Ci sono tuttavia opzioni di mortgage broker che possono trovare finanziamenti:

normalmente non superano il 50% del prezzo d'acquisto e con tassi dell'1-3% più alti rispetto alla media nazionale (oggi circa 6.5%).

Detto questo, merita sicuramente un approfondimento il tipo di immobile che andiamo a considerare. A parte le Town Houses, che sarebbero le villette a schiera (sull'esempio di Sex and the City, per capirci), Condominium & Coops la fanno da maggiore in città.

Il concetto di condominio è molto simile a quello che abbiamo in Italia, dove puoi comprare l'immobile, affittarlo, finanziarlo, ristrutturarlo ed esserne l'effettivo proprietario delle mura. Diverso è il discorso delle coops, che sono gestite da un consiglio di amministrazione che molto spesso non autorizza l'affitto delle stesse, o quantomeno lo limita parecchio, favorendone sicuramente l'acquisto come residenza primaria. Inoltre, il compratore di questo tipo di immobili viene sottoposto ad una richiesta di documenti estensiva e deve passare l'approvazione del board. Famosissime alcune bocciature storiche di celebrità che non sono state accettate in alcuni palazzi: fece scalpore, ad esempio, la bocciature di Madonna: si dice che il palazzo non volle avere i paparazzi fuori, oltre ad alcune riserve sul suo stile di vita...

Il vantaggio di questi coop è, a volte, il prezzo, su cui si può ottenere fino ad un 20% di sconto rispetto ai condomini. Questo, chiaramente, è dovuto anche alle limitazioni che ne conseguono.

Ultima considerazione la merita, a mio avviso, il momento storico nel quale ci troviamo. Il mercato oggi è sicuramente opportunistico dal punto di vista del prezzo, specialmente per chi acquista cash - senza quindi utilizzo del mutuo. Addirittura, su alcuni immobili selezionati vediamo sconti dal 10% al 30%, cosa che per NY è molto rara, essendo un mercato maturo dai valori stabili. L'aumento dei tassi di interesse e la situazione geo-politica ha sicuramente contribuito a questa incertezza e dall'altra parte ha creato opportunità fantastiche per chi è pronto ad agire. D'altra canto, chi ha un gruzzolo da parte sceglie ancora New York e l'immobiliare come bene rifugio rispetto ad altri asset e location nel modo. La Grande Mela è, infatti, ancora una garanzia ed è presumibile che un nuovo ciclo immobiliare stia iniziando: ci aspettiamo prezzi in crescita vertiginosa nei prossimi anni.

Chi è, quindi, pronto a chiamare casa Central park, la 5th Avenue oppure Wall Street? Ora, più che mai, si può!

il Newyorkese

INTERVISTE

Alberto Sifola di *San Martino*: l'arte di "rammendare" la bellezza

 DI **MATTIA IOVANE**

Architetto e instancabile promotore culturale, Alberto Sifola di San Martino definisce la sua associazione, Friends Of Naples, un gruppo di volontari rammendatori. Tra portoni, cappelle medievali e installazioni contemporanee, ha raccontato l'impegno per la manutenzione e il recupero di un tesoro storico-artistico che non può essere dato per scontato, fonte di conoscenza e senso civico, ma anche pilastro su cui si basa un patrimonio immateriale di relazioni, arti e mestieri. Partendo dalla città di Napoli, per dare vita a nuove forme di mecenatismo virtuoso.

Partiamo dalla "genesi". Come nasce il progetto Friends of Naples?
L'idea è nata quando ero vicepresidente delle Dimore Storiche Italiane - Sezione Campania.
Dopo qualche tempo, con la Presidente abbiamo sentito l'esigenza di non continuare semplicemente a fare iniziative di cultura, ma anche di agire sul territorio. Il primo intervento è stato su un portone molto importante del 1467, nel palazzo di Diomede Carafa in via San Biagio dei Librai a Napoli. Abbiamo deciso di restaurarlo e l'operazione, finanziata anche da privati, è andata a buon fine. Il portone è ancora lì, nonostante continuino a imbrattarlo di tanto in tanto, procurando grande dolore al nostro restauratore che continua a occuparsene facendo manutenzione, anche su chiamata diretta del portiere, dell'amministratore e del maggiore condomino del palazzo. Siamo un gruppo di volontari e, pur di tenere in ordine e rammendare, siamo disposti davvero a fare e dare tantissimo.

Dopodiché vi siete strutturati e la cosa ha avuto sempre più successo.
Dopo il caso del portone, mi sono reso conto di non poter portare avanti il progetto come Dimore Storiche Italiane, perché non è una realtà che si occupa di restauro.

> *"Abbiamo fondato l'associazione Friends of Naples, ed è stato subito un successo."*

Il Comune di Napoli ci ha proposto di occuparci della Porta San Gennaro, la più antica di Napoli, che ospita l'ultimo affresco conservato tra quelli realizzati da Mattia Preti per le porte della città. Da questa proposta poi si è avviato l'iter procedurale con l'amministrazione comunale, con il FAI e tutte le pratiche amministrative con la Soprintendenza.

Nemmeno durante la pandemia avete fermato i lavori di restauro. Durante il Covid abbiamo portato avanti il restauro di Porta San Gennaro con un restauratore alla volta sull'impalcatura. E d'altra parte è quasi romantico pensare che l'affresco originale fu realizzato per ringraziare San Gennaro per aver liberato la città dalla peste; quindi, sul dipinto stesso si possono vedere figure in mascherina che portano via i corpi dei deceduti.

Immagino che per fare tutto questo abbiate dovuto costruire una rete di donatori coinvolti nell'associazione.

"Certo, il nostro operato è tutto fatto di relazioni."

Per esempio, la Porta San Gennaro è stata donata in gran parte dall'ACEN, l'associazione dei Costruttori Edili di Napoli, e da un mecenate privato. In particolare, l'allora presidente dell'ACEN, Federica Brancaccio, decise di devolvere tutti i soldi che sarebbero stati utilizzati per i tradizionali regali di Natale al restauro della Porta.

Il vostro obiettivo è quello di valorizzare il patrimonio artistico della città di Napoli?
Innanzitutto, l'obiettivo è quello di rammendare, perché noi questo siamo, rammendatori. Bisogna considerare tutti gli scogli che troviamo sulla nostra strada. Ci troviamo in un periodo storico di grandi progetti: il grande progetto di Palazzo Fuga, del museo, delle linee metropolitane. E tutto ci fa molto piacere, però le stazioni della metropolitana si devono anche mantenere. Ad esempio, con un altro nostro intervento, abbiamo ripulito delle sculture nella stazione di Materdei.

A volte poi bisogna combattere anche con il fatto che la manutenzione ordinaria sfugge un po' alla testa di noi napoletani. C'è questo retropensiero, che più rimandi più risparmi. E invece è esattamente il contrario. Prima interviene, più risparmi. Più vai in là nel tempo, più la cifra per il restauro aumenta e soprattutto si perde il pezzo. Perché man mano che vanno via gli affreschi, poi si devono integrare. E tutto quello che si integra è nuovo, non è più l'antico e originale.

Il vostro successo è arrivato anche a cantanti che hanno scelto

di fare donazioni.
Il cantante Tropico ci ha regalato un bonus su ogni biglietto da lui venduto per il concerto che ha tenuto a Napoli. Ci ha cercato lui. È rimasto colpito dopo aver visto un restauro che è in corso su delle statue in terracotta che si trovano nella chiesa di Sant'Anna dei Lombardi, risalenti al 1490 e realizzate da Guido Mazzoni.

Per i vostri lavori sono coinvolti restauratori locali?
Un aspetto centrale della nostra missione è proprio quello di dare lavoro alle nostre eccellenze. Ci impegniamo sempre per valorizzare i nostri artigiani. Ed è soprattutto per questo che non ci siamo mai fermati e abbiamo trovato il modo di andare avanti anche durante la pandemia. I nostri artigiani sono raffinatissimi, bravissimi.
Sono in grado di fare cose che è difficile veder fare con tale dovizia altrove. Secondo me è doveroso, da parte dei cittadini, dare una mano e un contributo concreto ai mestieri e ai lavori storici napoletani. Vogliamo che i nostri artigiani lavorino, siano felici e che la loro passione non venga frustrata, in modo da tramandare ai figli la loro arte.

Da un punto di vista delle relazioni con le Istituzioni sul territorio, qual è il successo più grande finora raggiunto?
Siamo molto felici che la Soprintendenza in qualche maniera ci tenga in considerazione e faccia il possibile per darci sempre una mano, magari avviando anche subito le procedure d'urgenza tramite i funzionari quando li abbiamo interpellati.

Qual è il suo auspicio più grande per il prossimo futuro?
L'augurio è quello di superare quel lato del nostro carattere che, se uno fa una cosa, l'altro gliela deve demolire perché non l'ha fatta lui. È molto più bello invece vedere che si muovono tutti insieme e che arrivano donazioni anche dall'estero. Vorrei sensibilizzare anche gli emigrati napoletani e i loro discendenti, vorrei portare a bordo tutti i pizzaioli di New York venuti da Napoli e così via.

Mi piacerebbe partire innanzitutto da chi fa i lavori più semplici, perché lo storico dell'arte è più facile da sensibilizzare. Vorrei che mi arrivasse qualcuno da qualche parte nel mondo a dirmi: "sono napoletano, i miei nonni sono partiti dall'Immacolatella, voglio donare". Ed è già successo una volta.

Con venti piccoli donatori dall'estero, mettiamo a posto un affresco o quello che i donatori stessi scelgono di recuperare.

INTERVISTE

Louise Bonsignore, 101 anni di storia dell'emigrazione

DI **DAVIDE IPPOLITO**

il Newyorkese

Louise Bonsignore è stata una tra le cantanti d'opera più talentuose della sua generazione. Originaria di Napoli e nata in una famiglia dove la musica la faceva da padrona, ha seguito le orme del nonno, Salvatore Sciarretti, famoso cantante italoamericano, calcando i palchi dei teatri più importanti del secolo scorso e spalleggiando artisti di fama internazionale, fra cui Pavarotti. L'abbiamo intervistata in casa sua per farci raccontare i suoi 101 anni di storia della musica.

Che ti raccontava tuo nonno di Napoli, dell'Italia?
In realtà niente. Si sono trasferiti in America con mia madre e mio padre, perché lì non avevano niente. Hanno portato solo una cesta, che conservo ancora, e tutto il resto lo hanno lasciato lì.

E la prima volta che sei stata a Napoli che cosa hai provato?
Napoli la ricordo dalle parole di mia madre. Mio nonno venne con Enrico Caruso, cantavano entrambi l'Opera. Nonno cantava per la Metropolitan Opera. Mia nonna non era molto contenta di quella vita, diceva che il palcoscenico fosse il male, e infatti all'inizio non volevano che iniziassi a cantare, preferivano mi sposassi e basta.

E quando hai iniziato a cantare?
Iniziai a cantare in Chiesa ogni domenica. A 13 anni cantavo sola, sempre cose su Gesù Cristo. Poi mia zia mi fece andare all'opera con mio nonno. È stato per lui che ho deciso di iniziare a cantare. Poi in casa c'era sempre musica: mia zia suonava il piano, mio zio anche, davano lezioni la mattina. Io dormivo di sopra e li sentivo.

E chi è stata la persona più famosa con cui hai cantato?
Mio nonno! [Ride, n.d.r.] Mio nonno, Salvatore Sciarretti, era famoso. Ma, ovviamente, anche Pavarotti...

Raccontaci qualcosa di Pavarotti...
Ricordo di quando ho conosciuto Pavarotti. Lo portarono in America e lo misero su un palcoscenico. Io ero l'unica che parlava italiano, e diventammo grandi amici. Voleva anche sposarsi una delle mie figlie, ma a lei non piaceva perché era troppo grosso e vecchio [ride, n.d.r.]. Pavarotti era bravo. Mi dispiace se ne sia andato.

E la prima cosa che hai cantato? Come ti sei sentita?
La prima cosa che ho cantato è stata la Bohéme. Ero felice, stavo bene, amavo cantare. Era come quando cantavo in Chiesa, da sola, con l'organo... Anche mia sorella, Elena, cantava, aveva una bellissima voce. Solo che appena saliva sul palco, aveva paura. Io le dicevo "Elena, tranquillá, cantiamo assieme". Ma lei niente, aveva paura. Io no. Io cantavo.

INTERVISTE

Dal cuore di Napoli a New York: l'avventura di *Ciro Iovine* di *Song' e Napule*

 DI **MARCO COSTANTE**

il Newyorkese

Ciro Iovine è il proprietario di *Song' e Napule*. Il ristorante ha aperto i battenti nel 2015 a Huston Street. Il ristorante va bene e, nel 2021, si espande aprendo un altro locale nel New Jersey, seguito nel 2023 da un ristorante nell'Uper West Side. Oggi I locali sono in tutto quattro, e premiano i palati degli americani curiosi di scoprire l'autentico sapore dei piatti napoletani. Ne abbiamo parlato con Ciro, tra una pizza ed uno scialatiello.

Ciro, tu hai fatto tanta gavetta nei ristoranti a Napoli, poi sei venuto a New York per coronare il tuo sogno americano. E ci sei riuscito, perché sei l'incarnazione di Napoli. Cosa ti porti di Napoli nella tua vita Newyorkese?
Di Napoli mi sono portato tutto. Infatti, quando tu entri nel locale, puoi vedere la Napoli che volevo portare qui in America. Materialmente, invece? Una grande valigia, ca e muzzarelle e bufala. Sono arrivato qui in vacanza e New York mi ha stregato. Quando ho visto New York per la prima volta mi sono innamorato, mi sembra di stare un po' a Napoli, specialmente nel village. E poi da qui è nato il mio sogno americano. È iniziato quando sono andato a lavorare da San Matteo, loro mi hanno aperto le porte di casa. Grazie a loro ho realizzato questo sogno, perché qui non tutti ti ospitano e ti danno un benvenuto del genere.

Di napoletani ce ne sono tantissimi qui, e Napoli è una città riconosciuta: ci sono tanti luoghi storici, tanti simboli di Napoli, come il caffè. Come ti è venuto di chiamare il tuo locale Song' e Napule?
È stata un'intuizione di mia moglie. Noi giocavamo sempre, quando ho conosciuto mia moglie le dicevo sempre: "ma tu e ro si?" [Ma tu di dove sei?, n.d.r.] E lei diceva "Song' e Napule" [Sono di Napoli, n.d.r.]. Quando poi abbiamo firmato le carte per il locale, mia moglie disse "ma perché noi chiamiamo Song' e Napule?". E così è nato il nome.

Tu sei diventato un riferimento importante della comunità italiana a New York, e non solo. Si può dire a tutti gli effetti che il tuo obiettivo, quando hai aperto il locale, era diventare un ambasciatore di Napoli nella Grande Mela: volevi portare Napoli qui. Quanto appeal ha la napoletanità? Quanto piace la napoletanità nel mondo? Piace solo agli italiani?
Ma chi è che non ci ama? Quando viene un americano dice "Mi sento a Napoli", "Mi sento ad Amalfi", "a Capri". Questo è stato il mio sogno da bambino, da quando ho cominciato a mettere le mani in pasta.

Diciamo che nei tuoi locali vengono persone da tutto il mondo. E tu, di fatto, mostri loro le bellezze di tutta l'Italia, in partico-

"Newyòrkese

lare del mezzogiorno, attraverso non solo la cucina, ma anche agli oggetti che hai scelto per arredare il ristorante. Cosa ti chiedono i tuoi clienti incuriositi? Quali sono le domande che ti fanno?
Ultimamente le domande che mi fanno è "Ma perché metti la pasta in questa grattacasa?", sai la grattugia? Noi chiamiamo la grattacasa. Quella è una cosa molto nostra, mi ricorda un po' la domenica a Napoli, quando la nonna chiedeva a mia madre il formaggio a tavola. Poi ci chiedono se siamo orgogliosi di portare Napoli a New York…

Per te che vuol dire portare Napoli a New York? In tre parole.
Un enorme piacere.

Quali sono i valori che identificano Napoli nei locali di New York? Perché spesso, Anticamente, se dicevi qui a New York "Napoli", "Sud Italia", "Sicilia", si pensava subito alla mafia. Oggi quali sono invece i valori che emergono di più?
Noi diamo un calore che trovi solo negli italiani, possiamo darlo solo noi. Specialmente noi meridionali. Attraverso I nostri piatti e la nostra pizza trasmettiamo anche il valore della famiglia: il cliente si sente a casa, ed è un valore qui dove tutti corrono troppo. Spesso i clienti vengono, si siedono e chiacchierano col cameriere, col pizzaiolo. Lo cercano quel calore, quel rapporto umano.

Un tempo, la maggior parte degli americani pensava che la pizza fosse nata in America, che fosse un prodotto originario di qui…
Quella è un'idea loro, non possiamo fare la guerra. Loro, comunque, hanno la cultura della pizza New York style. Questa è una cosa che dico sempre a tutti: quando uno viene qua, deve venire in silenzio, senza fare tanto rumore. Qui c'è la cultura della pizza slice, noi siamo la seconda o terza scelta. Però stiamo mettendo i puntini sulle i, perché c'è una differenza abissale con la nostra pizza.

Infatti ora iniziano ad essere tanti ristoranti che fanno pizza napoletana…
Sì, tanti li chiudono pure. Non è facile stare a New York.

E oggi a che punto è, secondo te, l'amore per la cucina italiana da parte degli americani? E in particolare, come lo percepisci tu.
Loro ci amano. Me ne accorgo quando spiego i piatti che porto a tavola, che sia una pasta e patate con la provola, una cosa così semplice, ma dietro c'è una storia. Ogni nostro piatto ha una storia. E quando lo raccontiamo agli americani rimangono sciocatti. Per noi è una cosa semplice, spontanea, per loro no.

Qual è la richiesta più assurda di un cliente che hai deciso di

"Newyorkese"

soddisfare?
E chi se lo scorda… Delivery, perché là non puoi cambiare. È successo dieci anni fa, all'epoca la pizza non costava molto. Arrivò a 40 dollari. Questo fa una pizza marinara e ci mette sopra di tutto: ci ha messo sopra cipolla, frutta, capperi. Però era Delivery, altrimenti ci saremmo rifiutati. A tavola invece ci succedeva spesso nel New Jersey: i clienti chiedevano sempre cose un po' italo-americane - che, con tutto il rispetto, hanno fatto la storia qui, ma noi non ci pieghiamo, siamo autentici.

Sui social sei diventato un po' una celebrità, ti seguono gli americani ed un po' anche gli italiani, e in particolare ha avuto molto successo un video dove cacci un cliente che fece una richiesta particolare. Ti è mai capitato di cacciare un cliente?
Una volta, perché ero un po' scostumato. Diceva che la nostra non fosse una vera pizza napoletana. Abbiamo provato a fargli capire che non fosse così. Poi lui ha insistito, mi ha aggredito e io l'ho cacciato. Tutti i clienti mi hanno dato ragione.

Qual è il tuo desiderio più grande?
Io un sogno ce l'ho, però è difficile realizzarlo. Al di fuori di essere un'ambasciata qui a New York, è quello di realizzare tanti punti vendita nel mondo. Questo è un sogno da bambino. Io ho sempre viaggiato nel mondo e mi sono sempre fatto volere bene. Ho sempre portato la Napoli bella.

Quali sono, secondo te, le caratteristiche della tua italianità, meridionalità, napoletanità, che ti hanno aiutato ad avere successo negli Stati Uniti?
Io sono sempre rimasto uguale: Ciro Iovine, da 42 anni. Questa secondo me è una cosa che piace a tante persone. L'umiltà paga sempre.

Ritorneresti nella tua amata Napoli?
Ma domani mattina. Domani mattina ritornerei a Napoli, sì. Ma non si tratta di un sogno non realizzabile, solo che adesso non posso: ho l'attività, ho i figli, e con loro non è facile.

E quando pensi di ritornare a Napoli?
Forse in dieci anni. Una volta che i figli si faranno grandi e andranno all'università. Però comunque io ogni anno devo scendere, devo rianimarmi. Quel cielo nostro è diverso.

Da te passa tutto il mondo. Chi sono i clienti che più si avvicinano alla napoletanità?
Oltre a vari clienti qui a New York, molti turisti che vengono qui in vacanza e ci hanno visto sui social o in TV. La verità, però, è che sono tanti i napoletani che ci vengono a trovare quando vengono qui.

ilNewyorkese

INTERVISTE

Pastificio Martino: Il couscous Made in Italy è un cibo del futuro

DI **MATTIA PANICO**

> *"L'azienda Martino si approccia al ready to eat e guarda al mercato Usa con grande interesse."*

Non si rischia di peccare di campanilismo se si afferma che il grano migliore al mondo viene prodotto in Italia, e nel 1904 lo capì già Andrea Martino, fondatore dell'omonimo mulino che, nel Secondo Dopoguerra, si è trasformato in pastificio. Già negli anni '90 grazie all'opera di Pasquale Martino, la produzione si è spostata completamente sul couscous, cosa che nessun altro aveva ancora fatto in Italia. Emma Martino fa parte della quarta generazione dell'azienda di cui è la prima donna CEO dal 2008 e, insieme a lei, proviamo a capire come funziona questo segmento di mercato anche a livello internazionale, in una storia ambiziosa e visionaria.

Il couscous appartiene alla cucina tradizionale di popolazioni arabe e africane, ma come viene percepita all'estero un'azienda italiana che produce questo alimento così versatile?

Dipende molto dal tipo di interlocutore che si ha di fronte. Spesso c'è molta richiesta per il couscous marocchino per via della connotazione di questo prodotto, strettamente legato al Nord Africa e noi, di certo, non snaturiamo le sue origini. Tuttavia, dal punto di vista qualitativo, il couscous Martino ha una connotazione meravigliosamente italiana, soprattutto grazie all'utilizzo di materie prime nostrane e di alta qualità, nonché grazie alla nostra esperienza più che centenaria: sappiamo cosa significa produrre una buona semola. Il nostro prodotto finito è superiore a quello del Nord Africa, in uno scenario dove i playmaker sono cinque in tutto il mondo e risulta fondamentale sapersi distinguere e farsi riconoscere.

Qual è la differenza principale fra il couscous Martino e gli altri?

Il couscous non viene cotto ma reidratato, versando acqua bollente sul prodotto a pari volume sino al suo raddoppio. Noi siamo arrivati a trasformare 100 g di couscous in 300 g di prodotto reidratato: ciò significa che il nostro couscous consente di avere una resa maggiore a parità di peso secco, grazie a tecnologie avanzate di produzione e investimenti nella ricerca.

Che ruolo gioca il Made in Italy nel vostro business?

C'è da dire che il 90% del nostro

lavoro avviene sul mercato estero, l'Italia è arrivata dopo. Ma il brand Italia ci sostiene soprattutto in Europa, laddove la consapevolezza alimentare è maggiore; in misura minore nell'Est Europa, dove viene ricercato un prodotto più economico. I regolamenti europei in materia alimentare, infatti, garantiscono prodotti di qualità maggiore rispetto a quelli provenienti da altri Paesi. Intanto, stiamo iniziando a percorrere la strada verso gli Usa, affacciandoci a un tipo di export che richiede di scardinare una parte dei nostri modelli, ma dove il brand "Made in Italy" gioca un ruolo molto importante.

Martino è sempre rimasto in Molise. Cosa vi dà questo territorio rispetto ad altri posti?
Il tema è prettamente familiare e generazionale. Quando abbiamo valutato di spostarci verso l'estero abbiamo compreso che non era una nostra vocazione. Nel 2016 abbiamo comunque mosso le nostre attività verso un'altra area del Molise, cioè implementando uno stabilimento a Termoli che ci permette anche di vivere nuovi scenari logistici. Accanto a questa unità, adesso, ne stiamo costruendo un'altra. Sul nostro territorio ci sono molte opportunità da poter cogliere per le aziende che scelgono di stabilirsi in quest'area, ad esempio tramite ZES e PNRR.

Perché Martino ha iniziato a proporre alla clientela dei pasti pronti a base di couscous?
Abbiamo scelto di sperimentare questi prodotti in maniera del tutto naturale, come successivo passo nell'evoluzione aziendale. Trattandosi di un alimento che ha bisogno di cinque minuti di reidratazione e che non richiede né strumentazioni né particolari competenze, riusciamo ad intercettare un mercato che rappresenta l'incrocio perfetto dei trend del momento. Il prodotto "strappa e mangia", infatti, è sempre più ricercato anche negli Usa. L'idea di poter mangiare velocemente qualcosa di freddo o da scaldare in pochi minuti nel microonde o in padella senza additivi chimici e coloranti, garantendo alimenti naturali al 100% e una conservazione che non richiede specifiche temperature grazie al processo di pastorizzazione, significa esportare il sapore italiano per farlo gustare in tutto il mondo; anche in ufficio e all'università. L'ingrediente principale di Martino è la "pulizia del gusto": i nostri prodotti non sanno di "chimico" e rappresentano il perfetto connubio fra la qualità del fatto in casa e il servizio 2.0 che sfrutta la rivoluzione tecnologica al meglio.

I cibi healthy sono sempre meno e hanno un costo maggiore. Che ruolo giocano i prodotti "strappa e mangia" in tal senso?

#Newyòrkese

L'abuso che c'è stato nel tempo di sostanze chimiche nell'alimentazione quotidiana dovrebbe condurre ad una seria riflessione. La quotidianità delle persone, soprattutto per via del lavoro, tende a non lasciare tempo per preparare un pasto o degustarlo con i larghi tempi di una volta. Tuttavia, le persone iniziano ad interrogarsi su cosa scegliere per nutrirsi: etichette e ingredienti sono sempre più al centro dell'attenzione dei consumatori e, per questo motivo, i nostri ready to eat rispettano i migliori crismi salutari, oltre che di gusto. Chi ha detto che mangiar sano significa mangiare "senza sapore"? È la qualità a governare le nostre preferenze, e una grande fetta di consumatori si sta spostando verso una scelta più consapevole degli alimenti, stando ben attenta ad evitare gli sprechi. Servizio, qualità ed efficientamento: queste le tre direttrici di Martino.

E pensare che a volte basta una panatura speciale per cambiare la storia...
Vero, anche se non ci aspettavamo di ricevere, durante il Summer Fancy Food Show, il premio Italian Food Award USA 2022: il nostro prodotto ha superato il parere di tre commissioni, nonostante non partecipassimo neppure come espositori, siamo stati scelti e premiati. Siamo andati a New York per ritirare il premio perché abbiamo dato vita a un happy food: una panatura che non richiede frittura a base di alimenti proteici come i ceci. Per noi questo è un segnale forte e positivo.

I rapporti con gli Usa sono nati così?
"Bolliva già qualcosa in pentola" per restare in tema, ma questo segnale ha sicuramente dato il via ad uno studio del territorio ed alla ricerca di partner commerciali locali che potessero supportare il nostro sviluppo nel mercato.

Quali sono i prossimi obiettivi e le sfide imminenti di Martino?
Innanzitutto, vogliamo metter su il nuovo stabilimento di cui abbiamo parlato. Concentriamo i nostri investimenti verso l'automazione e l'elettronica, avvicinandoci anche all'AI. Inoltre, aumenteremo la nostra capacità produttiva poiché registriamo una crescita del nostro mercato di riferimento e abbiamo intenzione di spingere la cultura alimentare italiana. Stiamo attraversando una fase di profonda innovazione strutturale che tiene conto sia degli impianti, quanto dell'organico necessario. In termini commerciali, poi, l'obiettivo resta quello degli Usa: dai nostri studi il trend è in linea con il prodotto che abbiamo. Sappiamo di avere un potenziale elevato dinnanzi a noi e lavoriamo attivamente per sbarcare presto nel mercato americano.

ECHOES OF HISTORY

Due Sud a confronto: guerre e rivoluzioni nel "secolo lungo"

DI **MARIO SANTORO**

Laureato in Scienze Storiche presso La Sapienza università di Roma e specializzato in Storia Contemporanea e Storia Militare. Ha collaborato con la Giunta Centrale per gli Studi Storici. Vive attualmente a New York dove insegna italiano e porta avanti la sua passione per la ricerca storica.

Quando parliamo di Sud, pensiamo spesso ad un preciso contesto socio-economico e non storico: il Sud Italia e l'annosa "questione meridionale"; il "sud del mondo" e i suoi Paesi in via di sviluppo, messi tutti insieme in un'unica definizione, quasi fossero tra loro indistinguibili; e poi gli Stati del sud degli Stati Uniti, distinti da quelli del nord e con un loro peculiare sviluppo.

Pensiamo spesso, quindi, che il Sud possa identificarsi in un concetto tutto sommato omogeneo, spesso sinonimo di povertà, degrado o arretratezza. Tuttavia, senza neanche dover avvicinare poi troppo il nostro sguardo, ci rendiamo subito conto che il concetto di Sud è tutt'altro che univoco, al contrario. È il frutto di evoluzioni storiche e sociali estremamente diverse tra loro, ognuno con una propria specificità e unicità. Eppure ho scelto di individuare alcuni momenti storici in cui il Sud, seppur in modi molto diversi e con conseguenze altrettanto diverse, ha avuto un ruolo da protagonista in entrambe le sponde dell'Atlantico. Essi gravitano tutti intorno alla metà del XIX secolo. Il 1848 fu un anno pazzesco agli occhi dei contemporanei. Considerato l'anno crocevia del c.d. "secolo lungo", esso viene ricordato sotto vari aspetti come l'anno della primavera dei popoli, dei moti rivoluzionari, delle abdicazioni dei sovrani e dell'ingresso di nuove istituzioni politiche, delle nuove Costituzioni. È l'anno dove tutti i popoli d'Europa insorgono contro i loro governi. Se noi italiani chiudessimo gli occhi e pensassimo al '48, ci verrebbe immediatamente in mente un tricolore, un dipinto di Hayez, le Cinque giornate di Milano, la Prima guerra d'Indipendenza. Eppure altri eventi scossero ancor di più l'Europa in quei mesi: il 22 febbraio in Francia, il popolo parigino insorse contro la Corona, riversandosi nelle strade della capitale e assediando il palazzo delle Tuileries, costringendo il re Luigi Filippo ad abdicare e a fuggire in Inghilterra. Il trono reale venne scaraventato dalla finestra, gli fu dato fuoco e successivamente buttato nella Senna. Ancora una volta quindi la Francia rifiutava la monarchia, male assoluto dell'ancien regime e reintrodotto dalle altre monarchie assolute europee dopo la Restaurazione, in favore della Seconda Repubblica Francese. Ciò portò altri sovrani come Carlo Alberto di Savoia a concedere con atto unilaterale una nuova Costituzione che andasse a scongiurare una rivoluzione anche nel proprio regno. Il risultato fu la nascita dello Statuto Albertino entrato in vigore il 4 marzo e che durerà per circa cento anni, diventando, pur subendo modifiche, Carta fondamentale del Regno d'Italia fino alla fine del secondo conflitto mondiale. Gli eventi in Francia andarono a sconvolgere anche la più grande potenza sul territorio continentale. L'Impero Austro-Ungarico dovette far fronte all'ondata rivoluzionaria a partire dalla propria capitale: a Vienna gli studenti insorsero contro l'imperatore chiedendogli nuove elezioni, un nuovo Parlamento e la destituzione dal Governo del principe Metternich e poi fu la volta di Budapest, Venezia e successivamente Milano.

Sebbene la Francia rappresentasse la madre ispiratrice di qualsiasi pensiero e atto rivoluzionario, non fu essa nel 1848 a dare il La. Il vento caldo della rivoluzione proveniva dal Sud, anzi, dal profondo Sud. Fu il moto popolare siciliano ad aprire l'anno folle. Il 12 gennaio una Palermo in rivolta costrinse il re Ferdinando II a promulgare lo Statuto costituzionale del 1812. Cinque giorni dopo fu il Cilento ad offrire il teatro per i nuovi scontri. La sollevazione contro il sovrano Borbone si rifaceva agli stessi moti avvenuti vent'anni prima e prese spunto proprio dagli eventi della Sicilia.

Nel febbraio dello stesso anno, dall'altra parte dell'Atlantico, il trattato di Guadalupe Hidalgo sanciva la fine della guerra più importante della storia dell'espansionismo americano sul continente. Con oltre trentamila morti, la guerra contro il

"Newyorkese

Messico offrì agli Stati Uniti un nuovo Sud, tutto da sfruttare, e fu voluta esclusivamente dagli stati del Sud, guidati dal partito che sin dalla sua nascita difendeva nel Congresso gli interessi economici del Sud, il Partito Democratico. Fu infatti proprio un esponente di quel partito vincitore delle elezioni presidenziali del 1844 a promettere una massima espansione verso ovest. Divenuto l'undicesimo presidente della storia degli Stati Uniti d'America, James Knox Polk, originario di Pineville, North Carolina (stato del Sud), riuscì ad annettere la Repubblica del Texas, da tempo desiderosa di far parte dell'Unione ma rivendicata anche dal Messico che non aveva ancora digerito la secessione dopo la rivolta del 1836. Mandando un contingente militare in territorio texano, spinse i messicani ad un primo attacco aggressore e convincere così quella parte di Congresso inizialmente restìa alla guerra ad appoggiare il nuovo conflitto.

Analizzando i documenti del Congresso, risulta singolare come la questione del dibattito riguardasse l'introduzione o la non introduzione della schiavitù nei nuovi territori. Fu in uno di questi interventi che venne pronunciata per la prima volta in un momento ufficiale la parola "secessione". Fu pronunciata dal senatore Robert Augustus Toombs dello Stato della Georgia, che quindici anni dopo sarebbe stato generale dell'esercito dei Confederati e quindi protagonista della guerra di secessione, una guerra civile che provocò un numero spaventoso di perdite umane mai registrato prima, capace di mostrare quale impatto industriale avrebbe avuto un prossimo conflitto su grande scala, come sarà quello mondiale del Novecento. Una guerra dal Sud, e voluta dagli Stati del Sud che, pur nella sua tragicità, a detta di molti ha portato gli Stati Uniti al senso di unità, di Nazione.

Negli stessi anni '60 dell'Ottocento, tornando nell'altra parte dell'Atlantico, un altro Sud che non sapeva di essere Sud né voleva esserlo, si scontrava con un Nord che sapeva di essere Nord. In quel caso, combattimenti, soprusi, deportazioni violente allungarono di molto il cammino per raggiungere quei principii che dall'altra parte del globo venivano raggiunti.

Nella sua naturalità concettuale, il Sud si trova contrapposto al Nord, in geografia non può esistere senza l'altro. E La storia decide o di avvicinarli o di separarli, donando senso di appartenenza nel primo caso e tanta differenza nel secondo! Ma è davvero tanta questa differenza? Dipende da che parte dell'Atlantico si guarda: da dove scrivo non ci si fa caso, da dove vengo la si nota, eccome la si nota!

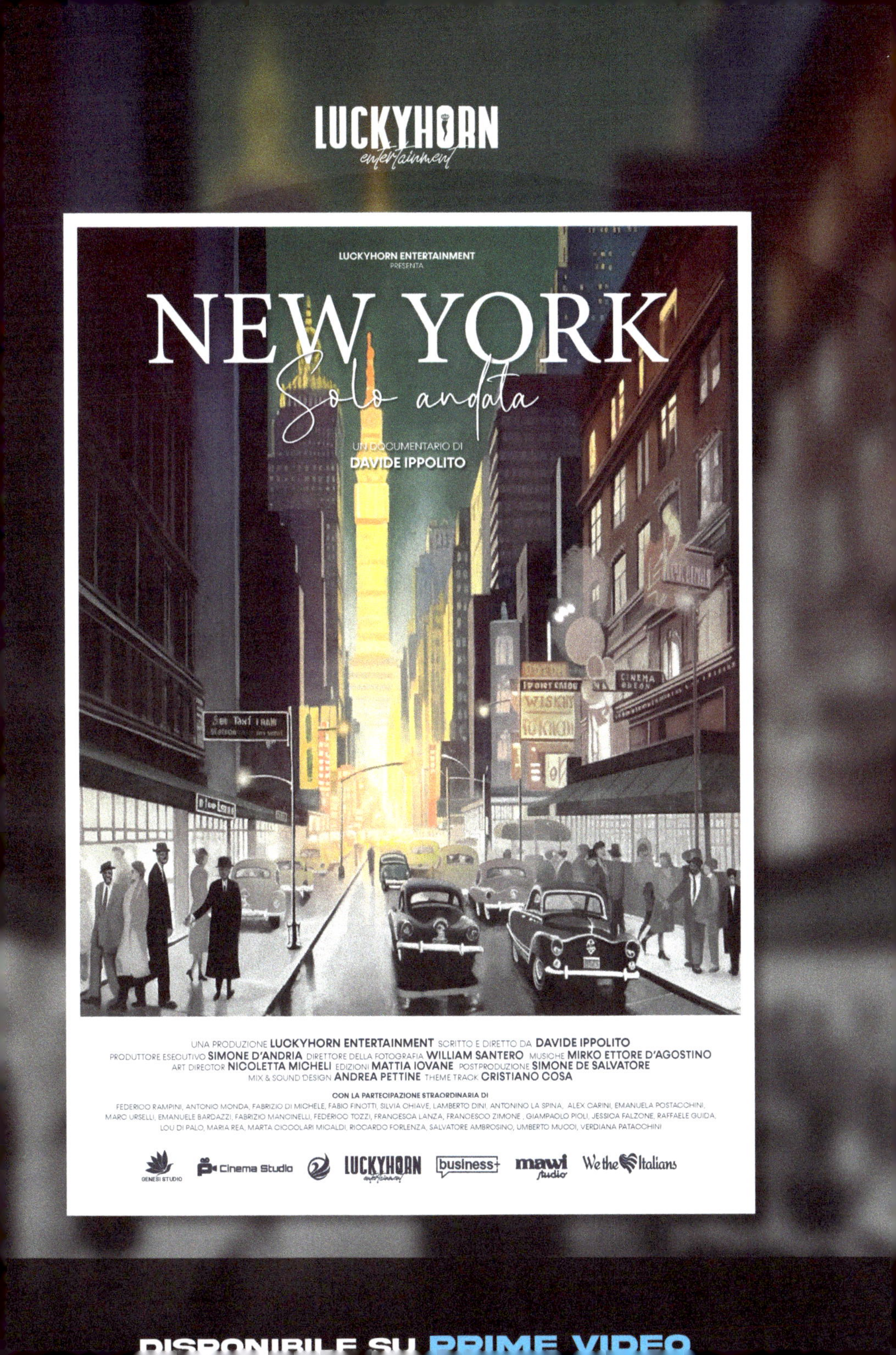
LUCKYHORN
entertainment
LUCKYHORN ENTERTAINMENT
PRESENTA
NEW YORK
Solo andata
UN DOCUMENTARIO DI
DAVIDE IPPOLITO
CINEMA
UNA PRODUZIONE LUCKYHORN ENTERTAINMENT SCRITTO E DIRETTO DA DAVIDE IPPOLITO
PRODUTTORE ESECUTIVO SIMONE D'ANDRIA DIRETTORE DELLA FOTOGRAFIA WILLIAM SANTERO MUSICHE MIRKO ETTORE D'AGOSTINO
ART DIRECTOR NICOLETTA MICHELI EDIZIONI MATTIA IOVANE POSTPRODUZIONE SIMONE DE SALVATORE
MIX & SOUND DESIGN ANDREA PETTINE THEME TRACK CRISTIANO COSA
CON LA PARTECIPAZIONE STRAORDINARIA DI
FEDERICO RAMPINI, ANTONIO MONDA, FABRIZIO DI MICHELE, FABIO FINOTTI, SILVIA CHIAVE, LAMBERTO DINI, ANTONINO LA SPINA, ALEX CARINI, EMANUELA POSTACCHINI, MARC URSELLI, EMANUELE BARDAZZI, FABRIZIO MANCINELLI, FEDERICO TOZZI, FRANCESCA LANZA, FRANCESCO ZIMONE, GIAMPAOLO PIOLI, JESSICA FALZONE, RAFFAELE GUIDA, LOU DI PALO, MARIA REA, MARTA CICCOLARI MICALDI, RICCARDO FORLENZA, SALVATORE AMBROSINO, UMBERTO MUCCI, VERDIANA PATACCHINI
GENESI STUDIO
Cinema Studio
LUCKYHORN
business+
mawi studio
We the Italians
DISPONIBILE SU PRIME VIDEO

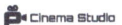

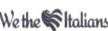

APPROFONDIMENTO

New York: un crocevia artistico in continua trasformazione

DI **MATTIA PANICO**

Direttore Generale de "ilNewyorkese", esperto di partnership e strategie Go-To-Market. Vive a New York ed aiuta le aziende a realizzare il "Sogno Americano", aprendo loro la strada per entrare in questo mercato e posizionarsi correttamente negli Stati Uniti.

New York City ha sempre rappresentato un terreno fertile per l'arte, un luogo dove idee ed espressioni artistiche hanno trovato spazio per crescere e fiorire. Non è solo una metropoli; è un simbolo vivente della creatività. Dagli anni '40 in poi, la città è diventata un centro nevralgico per movimenti artistici rivoluzionari come l'Espressionismo Astratto e la Pop Art, ridefinendo così i confini dell'arte moderna. Tuttavia, l'evoluzione della città e i cambiamenti economici hanno avuto un impatto significativo sulla scena artistica, trasformandola in modi profondi e talvolta inaspettati.

Un'epoca d'oro e l'ascesa dei quartieri artistici
Il legame tra New York e l'arte è complesso e radicato nel tempo. Prima degli anni '40, Parigi era considerata la capitale mondiale dell'arte, ma con la migrazione di artisti europei negli Stati Uniti durante la Seconda Guerra Mondiale, New York divenne il nuovo epicentro della creatività.

Già dagli anni '60, con l'ascesa della Pop Art, la scena artistica newyorkese prosperava grazie a spazi ampi e accessibili, dove gli artisti potevano sperimentare liberamente. Quartieri come Greenwich Village, il Lower East Side e Soho erano noti per i loro affitti abbordabili, che attiravano artisti, musicisti e creativi da ogni angolo del mondo. Questi quartieri divennero fucine di idee innovative, dove nascevano e si sviluppavano

APPROFONDIMENTO

movimenti artistici di rottura.

Un esempio significativo è il movimento artistico fiorito nel Lower East Side negli anni '70 e '80. Questo quartiere, un tempo degradato e abitato da comunità emarginate, divenne un terreno fertile per l'arte di strada e i graffiti, visti come atti di ribellione e autoespressione. Artisti come Jean-Michel Basquiat e Keith Haring trovarono in queste strade una tela su cui dipingere le loro visioni del mondo. La scena underground di New York si trasformò in un movimento artistico globale, che ancora oggi influenza profondamente la cultura popolare. Le fabbriche abbandonate e i loft convertiti in studi divennero l'emblema della creatività sfrenata, un ambiente stimolante e accessibile che permise a molti artisti di emergere e di influenzare profondamente la cultura popolare.

L'impatto della gentrificazione e le nuove sfide per gli artisti
Con l'avvento della gentrificazione e l'aumento vertiginoso dei costi abitativi negli ultimi decenni, molti di questi quartieri iconici sono diventati inaccessibili per i giovani artisti. La trasformazione di New York in una delle città più costose al mondo ha portato a una migrazione degli artisti verso zone periferiche, altre città e a una riorganizzazione degli spazi creativi. Quartieri come Soho, un tempo cuore pulsante della scena artistica, sono ora popolati da boutique di lusso e gallerie commerciali, con meno spazio per la sperimentazione e la crescita artistica.

Nonostante queste sfide, la storia dell'arte a New York è quella di una continua reinvenzione. Una nuova corrente sta emergendo, alimentata da artisti che sfidano le convenzioni e trovano modi innovativi per esprimersi. Questo nuovo movimento è spesso caratterizzato dall'uso di tecnologie digitali e dall'ibridazione di media diversi. Gli artisti contemporanei stanno esplorando l'intersezione tra arte, scienza e tecnologia, creando opere che sfidano le nozioni tradizionali di forma e contenuto.

L'ascesa dell'arte post-digitale
Il movimento "dell'arte post-digitale" sta guadagnando terreno a New York, riflettendo una risposta critica alla pervasività della tecnologia digitale nella vita quotidiana. Gli artisti post-digitali non solo utilizzano strumenti digitali per creare le loro opere, ma esplorano anche le implicazioni sociali, culturali e filosofiche di vivere in un mondo sempre più mediato dalla tecnologia.

Le opere post-digitali possono

APPROFONDIMENTO

includere installazioni interattive, realtà aumentata, proiezioni video e perfino la manipolazione di dati come mezzo artistico.

Artisti come Trevor Paglen e Ian Cheng sono stati pionieri di questo movimento, utilizzando tecnologie avanzate per esplorare temi come la sorveglianza, l'intelligenza artificiale e il futuro dell'umanità. La scena post-digitale di New York si distingue per la sua capacità di fondere estetica e critica sociale, offrendo nuove prospettive su come l'arte può interagire con il mondo contemporaneo.

Un ritorno alle origini e una rinascita artistica

Accanto alle nuove tendenze e al nuovo modo post-digitale di esprimersi, New York sta assistendo a un ritorno alle origini, con una nuova generazione di artisti che cerca di rivitalizzare il legame con il passato, pur rimanendo aperta all'innovazione. La scena artistica newyorkese, che aveva subito una flessione a causa dei costi elevati, sta fiorendo nuovamente.

Questo rinnovato fervore artistico è visibile in aree come Bushwick e Ridgewood, dove spazi indipendenti e collettivi artistici stanno emergendo, offrendo agli artisti un nuovo terreno di sperimentazione e di crescita.

Questa rinascita si caratterizza per un ritorno all'artigianalità e alla manualità, con una maggiore enfasi sulla creazione di opere che combinano tradizione e innovazione.

I giovani artisti di oggi si ispirano agli stili e ai movimenti passati, ma li reinterpretano in chiave contemporanea, creando un ponte tra le epoche. È un movimento che rievoca l'energia creativa dei decenni passati, ma con una consapevolezza moderna, che riflette le sfide e le opportunità del nostro tempo.

Nonostante le trasformazioni che hanno plasmato la scena artistica di New York, la città continua a essere un luogo dove l'arte può prosperare, anche in tempi difficili. La resilienza e la capacità di adattamento degli artisti newyorkesi dimostrano che, con il giusto posizionamento ed un approccio innovativo, è possibile non solo creare arte ma anche lasciare un segno duraturo.

New York rimane un faro per la creatività globale, un luogo dove il passato e il futuro si incontrano, offrendo infinite opportunità per chi è disposto a esplorare nuovi orizzonti.

15% DI SCONTO
CON IL CODICE

NY15

SU CIBORTV.COM

IN ESCLUSIVA PER *il Newyorkese*

"Newyorkese

IL BARBIERE DI NEW YORK

Gli aneddoti di *Lello il Barbiere*

DI **LELLO GUIDA**

Lello è un maestro barbiere, ha scelto di tramandare l'arte di suo padre e portarla da Napoli fino a New York, città che ormai è diventata casa sua. Nella Grande Mela ha aperto il suo Barber Shop "Lello Barbiere", luogo in cui gentiluomini dal pensiero affine si riuniscono per sfuggire alla vita cittadina.

il Newyorkese

Quando lavori in una città come New York, ti devi rassegnare all'idea che i tuoi clienti non siano mai gli stessi. Ve l'ho già detto, no? Ogni tanto nel mio negozio entra qualche star del cinema o della musica. Vengono accolti come qualsiasi altro cliente – anche perché, diciamocelo, per me potrebbero anche essere i cugini di mia zia. Non riconoscerei una celebrità neanche se avesse scritto il nome in fronte!

Ma al di là di questo, non avendo una clientela troppo fissa è impossibile sapere in anticipo cosa vogliono, e spesso dell'accoglienza non mi occupo neanche io, troppo indaffarato tra un taglio di capelli ed uno di barba. A questo va ad aggiungersi che io e l'inglese siamo nemici giurati. Io ci ho provato, giuro, a masticare un po' di inglish in questi anni, ma 'sta storia che le a sono e, e le e sono i, mi confonde non poco.

Per farla breve, qualche giorno fa entra un signore e si piazza dietro di me, sui divanetti, accanto a un altro cliente. Io ero tutto preso dal mio lavoro e questo tizio inizia a parlarmi in inglese: "My hair… you know… a woman… how can I…". Io, un po' distratto e con il mio livello di inglese che rasenta lo zero, rispondo con quel poco che so: "Yeah… cool… good". Sentivo rumori strani dietro di me, ma non ci ho fatto caso. Alla fine, mi giro e vedo questa scena degna di un film comico: il signore appena entrato, con pochissimi capelli, aveva una faccia tra lo stupito e il disperato, mentre l'altro cliente rideva di gusto. Faccio il gesto italiano del "What?" per capire cosa stesse succedendo. Ecco la storia: il tizio si stava lamentando perché aveva un appuntamento con una donna, ma si vergognava della sua stempiatura galoppante. E io, da vero maestro dell'inglese, gli ho detto "buono, so' contento". Il classico quando l'inglese è un optional!

Comunque, nonostante la mia figuraccia, il signore, alla fine del taglio, sembrava sollevato.

Ho cercato di nascondere al più possibile la stempiatura, e penso di aver fatto un ottimo lavoro a giudicare dal suo sorriso. In un certo senso, nonostante la distanza linguistica, ho inconsapevolmente fatto il miglior lavoro di consulente per l'autostima che potessi immaginare.

E mentre l'altro cliente continuava a ridere, ho deciso che avrei fatto un rapido ripasso di inglese per evitare altri imbarazzi futuri. Dopo tutto, in una città come New York, ogni giorno è una nuova lezione – e a volte, il miglior insegnante è proprio la tua stessa disastrosa esperienza.

ENOTECA NEWYORKESE

Il Sud Italia in un calice: un viaggio tra vini, tradizioni e paesaggi

DI **RACHELE PAPI**

Originaria di Livorno, si è trasferita a New York per amore. Qui, la sua passione per l'arte e la natura si è presentata in una forma diversa: attraverso il vino. Da sette anni nel settore vinicolo, Rachele ha coltivato la sua conoscenza e la sua passione per il mondo enologico, diventando una figura rispettata nel settore. Nonostante la sua nuova vita in America, Rachele non dimentica mai le sue radici, che continuano a ispirare il suo lavoro e la sua vita quotidiana.

Chiedi a chiunque ci sia stato e ti dirà più o meno le stesse cose: il Sud Italia è noto, soprattutto, per il calore e l'accoglienza immaginifica che emana. Tutti possono chiudere gli occhi e avere sin da subito l'immagine davanti: una tavola apparecchiata circondata di sedie di legno, la vista che dà sul mare, una tenda che docile si muove al ritmo del vento, un cesto di pane al centro e tanti calici disposti per ogni sedia.

Ed il sapore, quello fresco di una mozzarella di bufala, le briciole dei taralli sul tovagliolo, le labbra bagnate dal vino a chilometro zero.

Il Sud Italia è infatti un gioiello rinomato per le sue regioni vitivinicole, ognuna con caratteristiche inconfondibili e affascinanti. Immagina di passeggiare tra i vigneti delle principali regioni vitivinicole del Sud Italia, partendo dalla maestosa Campania. Questa regione, celebre per i suoi vini bianchi aromatici come il Greco di Tufo e la Falanghina, offre un'esperienza sensoriale unica, ideale per accompagnare la squisita mozzarella di Bufala.

Non si può non menzionare il Taurasi, il vino rosso più prestigioso, creato con uve Aglianico e spes-

ENOTECA NEWYORKESE

so celebrato come il "Barolo del Sud". La Campania vanta una storia vitivinicola millenaria, arricchita da una straordinaria varietà di terreni e microclimi che contribuiscono alla complessità dei suoi vini.

Non da meno è la vibrante Puglia, conosciuta per i suoi vini rossi vigorosi. Qui, fa da padrona la varietà del Primitivo, noto a livello internazionale come Zinfandel, e il robusto Negroamaro, che dà vita al rinomato Salice Salentino: entrambi affascinano i palati di tutto il mondo. I vini pugliesi sono spesso caratterizzati da un profilo fruttato e corposo, e la regione è anche rinomata per la produzione di vini rosati di altissima qualità. La Puglia si distingue come una delle prime regioni del Sud Italia per quantità di vino prodotto, seguita a ruota dalla magnifica Sicilia.

Questa isola incantevole, con i suoi panorami mozzafiato, profumi inebrianti, sapori indimenticabili e tradizioni secolari, offre una vasta gamma di vini.

Dai bianchi freschi come il Grillo e il Catarratto, ai rossi intensi come il Nero d'Avola e il Cerasuolo di Vittoria, la Sicilia è un paradiso per gli amanti del vino. Famosa anche per i suoi vini passiti, come il Marsala, l'isola vanta singolari vigneti situati su suoli vulcanici intorno all'Etna, dove il Nerello Mascalese e il Carricante regalano vini dal carattere inconfondibile.

La Calabria, con il suo spirito autentico e vibrante, si riflette nei vini come il Gaglioppo, da cui nasce il celebre Cirò. Questa regione è famosa anche per il dolce Greco di Bianco e molti altri vini robusti e aromatici. La viticoltura calabrese è un omaggio alle forti tradizioni locali e produce vini che incarnano l'essenza stessa del territorio.

Parlando di vini robusti, non possiamo tralasciare la Basilicata, conosciuta principalmente per l'Aglianico del Vulture, un rosso corposo e tannico. Il terroir unico della regione, grazie ai suoli vulcanici del Monte Vulture, conferisce ai vini una struttura e una complessità che li rendono indimenticabili al palato.

Insomma, mentre ogni regione del Sud Italia brilla per le sue peculiarità e varietà predominanti, tutte condividono una ricca tradizione vitivinicola e una gamma di stili che riflettono la straordinaria diversità del territorio e delle condizioni climatiche. Una celebrazione del vino che racconta storie di passione, tradizione e innovazione.

ilNewyorkese

NEW YORK BY NIGHT

La magia della vita notturna

DI TONY TOOSLICK (ANTONIO MINERVINI)

Noto come Tony Tooslick, ha iniziato il suo percorso imprenditoriale nel 2006 nel management artistico in Italia con Andrea Favaro. Nel 2009, con il soprannome di Tooslick, ha fondato Tooslick Communication, diventando un punto di riferimento per servizi "Luxurytality" italiani a New York.

Benvenuti a un altro entusiasmante episodio di "Night in New York"! Io sono Tony Tooslick e, come sempre, vi accompagnerò alla scoperta delle magie della vita notturna di questa incredibile città. Questa volta, ci immergeremo nei quattro elementi fondamentali della nightlife newyorkese: Fuoco, Terra, Acqua e Aria. Ogni elemento vi porterà a scoprire sapori, divertimenti, ambizioni e i migliori locali dove bere. New York City è come una moneta: ha due facce che non si incontrano mai direttamente, ma sono inseparabili, come il giorno e la vita notturna.

 FUOCO · **NEBULA CLUB**

Se cercate un'esperienza che incendia le vostre serate, il Nebula Club è il posto giusto. Non è un club qualsiasi, ma uno dei più grandi di New York. Il martedì sera, il Nebula si anima con un'energia unica, trasformando una semplice notte infrasettimanale in un evento imperdibile. La sua fama è cresciuta grazie a serate vibranti e indimenticabili, con DJ di fama mondiale e un'atmosfera che fa dimenticare l'attesa del weekend. L'architettura all'avanguardia e il sistema audio di ultima generazione fanno di Nebula un punto di riferimento per gli amanti della vita notturna.

 TERRA · **EMANUELE FIORE**

Passiamo ora alla Terra, e chi meglio di Emanuele Fiore per rappresentare questo elemento? Broker immobiliare di successo a New York, Emanuele è collaboratore della prestigiosa Serhant, una delle società immobiliari più importanti della città. La sua italianità si riflette nella passione con cui affronta ogni sfida, nel suo stile comunicativo sui social media e nella sua innata capacità di catturare la bellezza attraverso la fotografia. Emanuele è anche un amante della moda e delle moto, un vero esempio di determinazione e fascino.

> *"Con il suo spirito innovativo e la sua intraprendenza, è un simbolo del sogno italiano in America."*

 ACQUA · RISTORANTE AMO

Per l'elemento Acqua, non potevamo non parlare del ristorante Amo. Questo nuovo locale italiano a New York è il luogo perfetto per gustare i sapori autentici del mare. Fondato dagli chef Pasquale Cozzolino e Rosario Procino, già famosi per aver conquistato i cuori dei newyorkesi con Ribalta, Amo porta in tavola la magia delle spiagge italiane. Specializzato in piatti di pesce, il ristorante offre un'esperienza culinaria che non va semplicemente provata, ma vissuta come un amore quotidiano. Amo è un vero e proprio inno all'amore per la cucina italiana, un luogo dove ogni pasto è un viaggio verso le coste più incantevoli d'Italia.

 ARIA · THE PUBLIC HOTEL ROOFTOP

E per finire, l'Aria. Non potevamo concludere senza portarvi in alto, sopra i tetti di New York, al Public Hotel Rooftop. Questo locale non richiede un abbigliamento elegante, ma l'atmosfera vi farà sentire automaticamente alla moda e raffinati. La vista mozzafiato e l'energia delle persone che incontrerete renderanno la vostra serata indimenticabile. Il mercoledì è la serata perfetta per chi vuole aggiungere un tocco italiano grazie a Francesco Belcarro, un vero mentore dell'ospitalità italiana. Il Public Hotel Rooftop è il luogo dove il cielo è davvero a portata di mano, un'esperienza che incarna perfettamente lo spirito libero e vibrante di New York.

Rimanete sintonizzati per altre avventure notturne e scoperte entusiasmanti con "Night in New York"! Io sono Tony Tooslick, pronto a guidarvi nel cuore pulsante della città che non dorme mai.

*il*Newyòrkese

`LA STRATEGIA DELLO STILE`

Shopping di lusso in Giappone: boom di acquisti nel 2024 e prospettive future

DI **ANTONELLA LATTANZIO**

Professionista del mondo del Lusso e della Moda con diversi anni di esperienza nel settore. Ha lavorato per Bulgari, una delle più rinomate aziende del gruppo LVMH. Si è trasferita a New York con l'obiettivo di approfondire la conoscenza del settore nel territorio Americano.

Negli ultimi anni, ed in particolare dall'inizio del 2024, il mercato della moda e del lusso in Giappone ha registrato una crescita significativa, che ha generato l'interesse degli esperti di settore e anche diversi quesiti sulle prospettive future di questo mercato. Con l'obiettivo di comprendere quali potrebbero essere gli sviluppi futuri, cominciamo con l'analizzare i fattori che spiegano questa incredibile crescita.

Turismo e Yen
L'afflusso di turisti provenienti da Cina, Corea del Sud, Stati Uniti, Australia e altri paesi ha contribuito notevolmente a incrementare le vendite per i Brand della moda e del lusso sul territorio giapponese. Secondo la Japan Department Store Association, le vendite duty free generate dai turisti raggiungeranno livelli record nei prossimi mesi, più che triplicando i risultati verso il 2023 e raggiungendo più di 71.8 miliardi di Yen. In aggiunta ai benefici provenienti dal turismo, un altro fattore che sta sensibilmente contribuendo a questi risultati positivi è la performance dello Yen, che ha reso il Giappone una destinazione privilegiata per gli acquisti di lusso. Con lo Yen giapponese ai minimi storici verso il dollaro statunitense e altre valute principali, i turisti hanno trovato conveniente volare in Giappone per acquistare beni di lusso a prezzi scontati rispetto ai loro paesi d'origine. Questo ha portato a un aumento delle vendite di molti marchi della moda e del lusso, come Hermès, Prada, Tiffany e Balenciaga.

Espansione e Innovazione
La risposta dei marchi della moda e del lusso a questo boom è stata rapida e decisa. Hermès, ad esempio, ha aperto il suo secondo negozio a Ginza e un altro ad Azabudai Hills. Progettato dallo studio di architettura parigino RDAI, il design della nuova boutique Hermès di Azubudai Hills combina elementi naturali con le tradizioni architettoniche giapponesi, creando una transizione perfetta tra gli ambienti esterni ed interni. Anche Balenciaga ha scelto Ginza come location per il suo nuovo flagship store su tre livelli, portando il numero dei suoi negozi in Giappone a 37. Ultimo ma non ultimo, diversi marchi emergenti europei stanno entrando nel mercato giapponese, attratti dalla crescente domanda di lusso. Se guardiamo invece al settore delle Automobili di Lusso, Aston Martin ha recentemente inaugurato un nuovo showroom all'interno del Peninsula Hotel di Tokyo. In parallelo alle nuove aperture, gli attori del panorama retail giapponese stanno anche investendo nell'innovazione, per poter rispondere ai nuovi trend e desideri dei consumatori e per offrire un'esperienza di acquisto sempre nuova e accattivante.

La spesa dei Consumatori Locali
Abbiamo finora focalizzato l'attenzione sui benefici derivanti dal turismo sul territorio giapponese. Ma cosa succede invece alla clientela locale? Anche i consumatori giapponesi stanno contribuendo a questo incredibile boom dell'industria del lusso e della moda. La Generazione X, che generalmente dispone di maggiori risorse finanziarie rispetto ai più giovani, continua a rappresentare la maggioranza in termini di spesa in beni di lusso. Tuttavia, i giovani giapponesi, sebbene possiedano meno risparmi rispetto alle altre generazioni, stanno comunque dimostrando una maggiore propensione, rispetto alle loro controparti Americane o Europee, ad acquistare beni di lusso. In contrasto con queste tendenze, molti altri consumatori locali, sensibili al timore di una crisi economica anticipata dalla performance dello Yen, hanno ristretto il loro potere di spesa, con l'obiettivo di accumulare più risparmi per potersi proteggere dall'incertezza.

Le prospettive future
Nonostante le incertezze economiche globali, il mercato del lusso in Giappone sembra ben posizionato per una crescita continua. La chiave del successo sarà la capacità dei marchi di mantenere la rilevanza culturale, catturare le giovani generazioni e innovare per rispondere ai cambiamenti nelle tendenze dei consumatori. Il boom del lusso in Giappone non è solo una storia di turisti e cambio favorevole, ma riflette una dinamica complessa di modernizzazione, innovazione e adattamento alle nuove esigenze dei consumatori.

#Newyorkese

`ANGOLI DI FEDE`

L'importanza del riposo estivo

DI **DON LUIGI PORTARULO**

Sacerdote lucano incardinato nell'Opera don Folci del clero della diocesi di Como. È diventato sacerdote il 9 giugno 2012. Ha studiato filosofia presso la Pontificia Università Lateranense e teologia alla Pontificia Università Gregoriana. Oggi è sacerdote nella parrocchia Our Lady of Pompeii a New York, parrocchia di riferimento degli italiani a New York.

Nel bel mezzo dell'estate vi propongo in questa rubrica di riflettere sull'importanza del riposo e delle vacanze estive che tanti stanno vivendo o si apprestano a vivere. L'estate è di solito un tempo in cui ci si ritaglia alcuni giorni per uscire dagli impegni della vita quotidiana e ritrovare le energie.

Il tempo delle vacanze è anch'esso un entrare dentro il mistero della vita di fede scandita da tempi che stabilisce Dio: c'è un tempo per lavorare e un tempo per riposare; uno per dedicarsi alle attività quotidiane e un altro per dedicarsi a ritemprarsi e ad approfondire il proprio rapporto con Cristo nel silenzio.

Anche il tempo del riposo va vissuto quindi con pienezza. Infatti, il tempo del riposo non è un tempo perso, inutile o vuoto…ma un momento ed una tappa importante del nostro cammino di vita. Andare in vacanza non significa dimenticarsi di ciò che si è o si fa…o dimenticarsi delle pratiche religiose a cui siamo abituati e di cui abbiamo bisogno…ma significa vivere tutto questo in modo diverso.

Nel mondo in cui viviamo diventa quasi una necessità potersi ritemprare nel corpo e nello spirito, specialmente per chi abita a New York, dove le condizioni di vita, spesso frenetiche, lasciano poco spazio al silenzio, alla riflessione e al distensivo contatto con la natura. Le vacanze possono essere anche un tempo per dedicarsi più a lungo alla preghiera, alla lettura e alla meditazione sui significati profondi della vita.

Il tempo delle vacanze offre anche opportunità uniche di sosta davanti alle meraviglie della natura, attraverso la cui contemplazione possiamo riscoprire Dio. Davanti allo spettacolo della natura (mare, boschi, montagne), sale spontaneo nell'animo il desiderio di lodare Dio per le meraviglie delle sue opere, e la nostra ammirazione per queste bellezze naturali si trasforma facilmente in preghiera.

E possiamo riscoprire Dio anche nella lettura, nella preghiera personale e, soprattutto, nel silenzio che ci dispone alla meditazione. In questa prospettiva, il tempo estivo può essere perciò momento provvidenziale per accrescere il nostro impegno di ricerca e di incontro con il Signore. È importante ritemprare le forze del corpo e allo stesso tempo quelle dello spirito, approfondendo il rapporto con se stessi e con Dio. Il nutrimento dello spirito viene dalla preghiera e dalla meditazione che ci aiutano a crescere nel rapporto personale con Cristo e conformarci sempre più ai suoi insegnamenti.

Vorrei terminare questa mia riflessione ed invito con alcune parole di san Giovanni Paolo II. Tutti hanno in mente le immagini del papa polacco mentre si riposa camminando sui sentieri di montagna o sciando sulle piste da neve. Anche per lui le ferie erano occasione per riscoprire la vicinanza di Dio nel silenzio e nel contatto con la natura.

Il 15 agosto 1979, da Castelgandolfo disse «Un pensiero beneaugurante rivolgo a quanti trascorrono, in meritato riposo, il tradizionale periodo di ferie di questi giorni di agosto. Auguro di cuore che questa vacanza dalle quotidiane assillanti preoccupazioni del lavoro sia per tutti occasione quanto mai propizia per essere più a contatto con la natura, scrigno delle ineffabili bellezze di Dio creatore, e generosa dispensatrice, al mare o ai monti, di ritemprato benessere fisico. Ma soprattutto mi è caro auspicare che alle rinnovate energie del corpo sia strettamente congiunto l'arricchimento dello spirito, che, dalla contemplazione di tante meraviglie, più facilmente può unirsi a Colui che ne è la fonte e il principio increato».

Mi unisco alle parole di San Giovanni Paolo II, augurandovi buone vacanze ed auspicandovi di vivere al meglio il tempo del riposo! Possa essere un tempo proficuo e utile per ritemprare il corpo e lo spirito per poi tornare carichi, pieni di energia e ben riposati ad affrontare con serenità e profitto gli impegni della quotidianità ordinaria.

YOGA A CENTRAL PARK

Ricomincio da me: i buoni propositi di settembre

DI **SERENA D'ANDRIA**

Laureata in Discipline teatrali ha insegnato recitazione a bambini e ragazzi nell'età evolutiva. Dopo aver provato sulla sua pelle i grandi benefici della pratica yogica, è diventata maestra di Hatha yoga e yoga bimbi. Vive a New York dove insegna a tutte le età come ritrovare la connessione con se stessi e con l'universo in mezzo alla metropoli più frenetica del mondo.

Settembre è quel momento dell'anno, come gennaio, in cui ci si ripromette sempre qualcosa. In genere si tratta di iniziare un corso, di mangiare più sano, rimettersi in forma o portare a termine un progetto entro la fine dell'anno.

Memori della nostra vita da scolari, con questo mese sentiamo che arriva un nuovo inizio ed eccoci pronti a formulare i nostri buoni propositi. Intendiamoci: in questo non c'è niente di male; mi viene da riflettere però su quali siano le motivazioni che ci spingono alla formulazione dei buoni propositi settembrini. Ci sentiamo in colpa per i bagordi estivi? Pensiamo di aver oziato, mangiato o bevuto troppo? Sentiamo che l'estate ha sancito la fine di un anno inconcludente o addirittura fallimentare? Qualunque sia la ragione, il mio consiglio è di formulare i buoni propositi senza sensi di colpa e soprattutto partendo da se stessi.

Cerchiamo di scegliere il giusto obiettivo per noi, chiedendoci di cosa abbiamo davvero bisogno. Tutto molto bello, direte voi, ma come si fa? Innanzitutto fermandosi, respirando e ascoltandosi. I ritmi della società odierna non ci concedono il tempo dell'autoascolto, ci insinuano la convinzione di dover occupare ogni singolo momento

"Newyòrkese

della giornata con un'attività che ci faccia sentire e contemporaneamente ci mostri agli altri nella miglior versione di noi, quella produttiva ed efficiente, anche nei momenti di relax.

Da quando vivo a New York questa dinamica mi si è palesata in modo lampante: la città che non dorme mai non concede il lusso della stasi. Corri, e se non corri tutto e tutti intorno a te corrono, lasciandoti una profonda sensazione di inadeguatezza addosso. Ti ritrovi a pensare "Oddio sono a New York, la città che offre qualunque possibilità e oggi cosa ho fatto?" E la risposta che ti viene spontanea è quasi sempre "Non abbastanza". Ecco in me è nato il rifiuto per questa dinamica tossica di iper-produttività, iper-movimento, iper-turismo, iper-tutto nel mio tempo libero. Ho imparato ad ascoltarmi, a farlo sul serio, proprio come ho capito che se non avevo più fame non ero costretta a sentirmi in colpa perché ero fortunata ad avere il piatto pieno davanti. Quindi in genere quello che faccio è sedermi e respirare, ho imparato che non devo per forza correre per dimostrare a me stessa o agli altri di meritare di essere qui. Semplice: mi siedo e respiro, mi siedo e mi ascolto, mi siedo e prima accetto e poi assecondo i miei desideri. Mi chiedo se quello che voglio veramente è andare a visitare la mostra super cool che sta dall'altra parte della città oppure voglio starmene seduta su un prato e ascoltare musica, leggere un libro oppure non fare assolutamente nulla? Cosa c'è di sbagliato nell'essere a New York e sdraiarsi su un prato fissando le nuvole che passano e cambiano forma? Niente! Non c'è niente di sbagliato... Scegliamo come buon proposito di ricominciare da noi stessi.

La meraviglia della pratica yogica sta tutta qui, nel donare al praticante la conoscenza del proprio corpo e della propria mente. Lo yoga, non mi stancherò mai di ripeterlo, non è solo un'attività fisica, è un complesso strumento di studio di sé come individuo e come parte del tutto e la profonda autoconsapevolezza che si acquisisce con la pratica è il frutto più prezioso che si riesce a cogliere, il mezzo è semplice e alla portata di tutti. Quindi ecco, perché come buon proposito non scegliete proprio di avvicinarvi allo yoga? Oppure no se ascoltandovi non è quello che desiderate, però se ciò che desiderate davvero non lo riuscite a capire, ascoltate me così il prossimo settembre mi verrete a raccontare come pensate di ricominciare da voi... perché nel frattempo questa capacità di auto-ascolto l'avrete acquisita!

Buon nuovo inizio a tutti, Namasté!

CRONACHE DI NEW YORK

New York è la città preferita dagli investitori immobiliari italiani

Quando si tratta di dimore di lusso all'estero, gli italiani facoltosi mostrano una chiara preferenza per gli Stati Uniti. Secondo LuxuryEstate.com, specializzato nel settore del lusso, le destinazioni statunitensi rappresentano il 25% delle ricerche per acquisto e il 21% per affitto. New York si conferma la scelta principale con l'8% delle ricerche italiane, mentre per gli affitti Dubai supera la Grande Mela con il 12% contro l'11,8% di New York. In Europa, la Francia e la Spagna sono al secondo e terzo posto nelle preferenze, con la Spagna al 12% per le vendite e la Francia all'11%. Per le locazioni, la Francia è in testa con il 12%, seguita dalla Spagna con l'11%.

Le città statunitensi come Los Angeles, Miami e Chicago superano capitali europee come Madrid, Berlino, Atene e Vienna nelle preferenze degli acquirenti italiani. Parigi e Londra, sebbene non siano al primo posto, attraggono circa il 5% delle ricerche sia per la vendita che per l'affitto, dimostrando la loro continua attrattiva.

Il budget gioca un ruolo decisivo: il 28% di chi è disposto a investire oltre 30 milioni di euro guarda agli Emirati Arabi, il 22,4% al Regno Unito e il 16% agli Stati Uniti. Monaco, Svizzera e Spagna sono scelte popolari per proprietà tra i 5 e i 10 milioni di euro, mentre in Austria e Grecia la soglia massima si aggira intorno al milione di euro. Gli appartamenti di lusso sono molto richiesti in Francia, Svizzera, Monaco e Regno Unito, mentre le ville sono particolarmente ambite in Grecia e Spagna. Negli Stati Uniti e negli Emirati Arabi, gli affitti privilegiano gli appartamenti, mentre gli acquirenti con budget elevati tendono a preferire le ville per gli investimenti. Questo riflette un crescente interesse per la diversificazione degli investimenti immobiliari di lusso a livello globale.

"Newyorkese

CRONACHE DI NEW YORK

Leaving New York, la dedica d'amore dei R.E.M. alla Grande Mela

Numerosi artisti e band hanno dedicato canzoni a New York, esprimendo sia l'entusiasmo per le sue opportunità sia emozioni più personali. Tra questi, i R.E.M. con il loro brano "Leaving New York", tratto dall'album Around the Sun del 2004. La band, fondata nel 1980 e sciottasi dopo oltre trent'anni, è stata inserita nella Rock and Roll Hall of Fame nel 2007 e ha contribuito a definire il "alternative rock" come sottogenere.

L'album *Around the Sun* ottenne maggiore successo all'estero rispetto agli Stati Uniti, conquistando due dischi di platino in Italia e altri riconoscimenti in Europa. Sebbene il disco avesse una forte connotazione politica, con brani come "Final Straw" legati alle proteste contro la guerra in Iraq, "Leaving New York" si distingue come una dichiarazione d'amore per la città. Michael Stipe, il cantante dei R.E.M., scrisse "Leaving New York" durante un volo, ispirato dalla vista della città. La canzone tratta il tema della partenza e del distacco, riflettendo sul cambiamento e sulla perdita. Anche se potrebbe essere letta come una risposta emotiva agli eventi dell'11 settembre 2001, Stipe ha confermato che il brano è aperto a diverse interpretazioni e accoglie ogni lettura personale del testo. Peter Buck, chitarrista dei R.E.M., confermò la difficoltà di ascoltare una canzone con "New York" nel titolo senza pensare all'attentato terroristico, data la tempistica del rilascio del singolo. Nonostante la speculazione, Stipe ha rassicurato che ogni interpretazione è valida, sottolineando che la musica appartiene anche a chi la ascolta. "Leaving New York" rimane un potente esempio di come la musica possa riflettere e trasformare esperienze personali e collettive, offrendo un messaggio di resilienza e speranza in tempi incerti.

CRONACHE DI NEW YORK

La gara di hot dog più famosa d'America ha bandito il suo partecipante più forte

La gara di hot dog più famosa d'America, il Nathan's Hot Dog Eating Contest, è nota per le sue spettacolari competizioni, ma recentemente ha fatto notizia per un motivo inaspettato. Joey Chestnut, il campione imbattuto dell'evento, è stato escluso dalla gara per la prima volta in oltre un decennio. Chestnut, che detiene il record mondiale con 76 hot dog mangiati in 10 minuti, è stato escluso dalla competizione a causa di una controversia legata alle sue dichiarazioni sui diritti degli atleti. Il Nathan's Hot Dog Eating Contest si tiene ogni 4 luglio a Coney Island, Brooklyn, e attira una grande folla. Chestnut, che ha dominato l'evento negli ultimi anni, era un volto noto per gli appassionati di questa competizione annuale. La sua esclusione ha sorpreso molti e sollevato un acceso dibattito sulla politica dell'evento e sui criteri di partecipazione. La decisione di escludere Chestnut è stata motivata da divergenze con gli organizzatori riguardo alle sue posizioni pubbliche su alcuni temi controversi. Questo ha generato una reazione mista tra i fan, alcuni dei quali sostengono che Chestnut sia stato punito per le sue opinioni personali, mentre altri ritengono che la gara debba rimanere al di fuori delle polemiche politiche. Nonostante la controversia, il Nathan's Hot Dog Eating Contest continuerà ad attrarre spettatori e concorrenti da tutto il mondo. La competizione è un simbolo della cultura americana e, anche senza Chestnut, rimarrà un evento di grande rilevanza. Il futuro della gara senza il campione potrebbe segnare un nuovo capitolo nella storia di questo evento iconico, che continua a evolversi e a sorprendere il pubblico. Alcuni esperti ritengono che la competizione, pur modificata, possa anche guadagnare nuova attenzione e interesse, rendendo il prossimo anno un momento cruciale per valutare il suo impatto futuro.

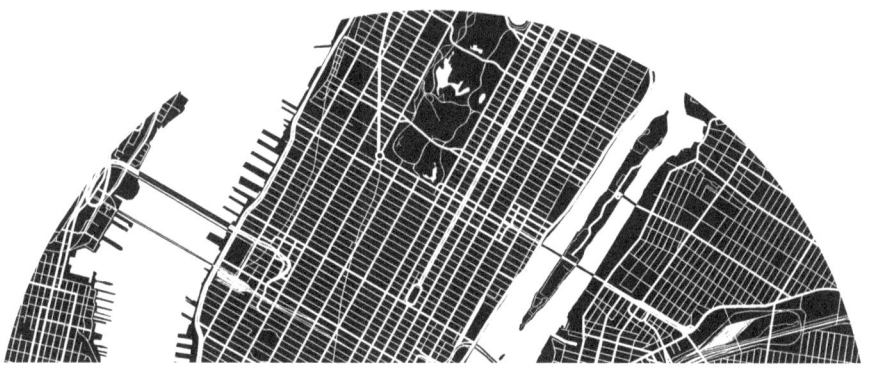

ilNewyòrkese

IL GIORNALE DI RIFERIMENTO DEGLI ITALIANI A NEW YORK

www.ilnewyorkese.com

Printed in the USA
CPSIA information can be obtained
at www.ICGtesting.com
LVHW051021221024
794501LV00020B/496